Educação,
Uma Herança Sem Testamento

Coleção Estudos
Dirigida por J. Guinsburg

Equipe de realização – Coordenação de texto: Luiz Henrique Soares e Elen Durando;
Preparação: Geisa M. de Oliveira; Revisão: Lia N. Marques; Sobrecapa: Sergio Kon;
Produção: Ricardo W. Neves e Sergio Kon.

José Sérgio Fonseca
de Carvalho

EDUCAÇÃO, UMA HERANÇA SEM TESTAMENTO

DIÁLOGOS COM O PENSAMENTO
DE HANNAH ARENDT

Copyright © Perspectiva 2017

Esta publicação contou com o apoio da Fapesp (processo n. 2015/19500-9), por meio do programa "Auxílio à Pesquisa – Publicações".

As opiniões, hipóteses e conclusões ou recomendações expressas neste material são de responsabilidade do autor e não necessariamente refletem a visão da Fapesp.

CIP-Brasil. Catalogação-na-Fonte
Sindicato Nacional dos Editores de Livros, RJ

C324e

Carvalho, José Sérgio Fonseca de
    Educação, uma herança sem testamento : diálogos com o pensamento de Hannah Arendt / José Sérgio Fonseca de Carvalho. - 1. ed. - São Paulo : Perspectiva : FAPESP, 2017.

    144 p. ; 23 cm. (Estudos ; 350)

    Inclui bibliografia
    ISBN 978-85-273-1098-7

1. Educação. 2. Pedagogia crítica. I. Fundação de Amparo à Pesquisa do Estado de São Paulo. II.Título. III. Série.

17-40575   CDD: 370
                                                   CDU: 37

22/03/2017   22/03/2017

Direitos reservados à
EDITORA PERSPECTIVA LTDA.

Alameda Santos, 1909, cj. 22
01419-100 São Paulo SP Brasil
Tel.: (011) 3885-8388
www.editoraperspectiva.com.br

2022

*A Diana, Moana e Hannah, com quem escolhi
compartilhar o tempo que me for dado.*

*A Tereza (in memorian), pelo quanto
compartilhamos no tempo comum
que nos foi dado.*

Agradecimentos

Ao CNPq e à Fapesp, pelas bolsas de produtividade e pesquisa no exterior, que viabilizaram a elaboração deste trabalho.

Ao CSPRP, pela acolhida como pesquisador convidado na Universidade de Paris VII durante o ano letivo de 2011-2012.

A Adriano Correia, André Duarte, Diana Mendes, Étienne Tassin, Fina Birulés, Martine Leibovici, Maurício Liberal e Vanessa S. Almeida, pelas observações, conversas e leituras críticas que, de diversas maneiras, me ajudaram ao longo da elaboração deste trabalho.

Aos companheiros do Geepc da Feusp – Aline Ferreira, Anyele Lamas, Ariam Cury, Crislei Custódio, Eder Marques Loiola, Érica Benvenutti, Letícia Venâncio, Roberta Crivorncica, Thiago de Castro e Thiago Miranda –, cuja amizade e dedicação aos estudos de filosofia da educação têm me dado alegria e entusiasmo.

A Helena Meidani, pela revisão.

Sumário

Prefácio – *Adriano Correia*. XIII

Introdução 1

1. A FORMAÇÃO ESCOLAR EM UMA
SOCIEDADE DE CONSUMIDORES 9

    O Público, o Privado e a Sociedade
    de Consumidores. 11

    A Redução do Significado da Formação Educacional
    à Instrumentalidade Econômica e Social 23

2. POLÍTICA E EDUCAÇÃO EM HANNAH ARENDT:
DISTINÇÕES, RELAÇÕES E TENSÕES 33

    O Caráter Político da Crise na Educação 35

    O Caráter Pré-Político da Relação Pedagógica 40

    A *Dimensão Política* da Experiência Escolar:
    Uma Lacuna nas Reflexões de Arendt. 47

3. AUTORIDADE E EDUCAÇÃO:
   O DESAFIO EM FACE DO OCASO DA
   TRADIÇÃO 53

   Entre Restauração e Abolição:
   Confusões e Paradoxos dos Discursos
   Educacionais Sobre a Autoridade 58

   Autoridade e Temporalidade:
   Da Sacralidade da Fundação
   aos Desafios do Presentismo 67

4. EDUCAÇÃO E LIBERDADE:
   DA POLÊMICA CONCEITUAL
   ÀS ALTERNATIVAS PROGRAMÁTICAS......... 77

   Liberdade: Uma Polêmica Conceitual Que Gera
   Critérios Alternativos de Julgamento 85

   Liberdade Como Prática Pedagógica: O Discurso
   das Pedagogias da Autonomia 93

   Do Amor ao Mundo ao Milagre do Novo: Uma
   Perspectiva Arendtiana Para o Vínculo Entre
   Educação e Liberdade 103

5. A EXPERIÊNCIA ESCOLAR AINDA
   TEM ALGUM SENTIDO?..................... 109

Referências 117

Prefácio

Dois belos movimentos da obra de Hannah Arendt, cruciais e estreitamente conectados, são articulados em seu nível mais profundo por uma referência ao início da "Quarta Écloga", o poema de Virgílio no qual ele se refere a um "grande ciclo de períodos que está nascendo novamente" (*magnus ab integro saeclorum nascitur ordo*), em conexão com o nascimento de uma criança. Em *Sobre a Revolução*, quando está a refletir sobre o espanto dos revolucionários americanos por terem começado e fundado uma nova história nacional, em vez de refundado algo, Arendt observa que eles compreenderam os riscos e as possibilidades de suas iniciativas, alterando a *magnus ordo saeclorum* de Virgílio para uma nova ordem dos séculos – a *novus ordo saeclorum*, que indicava não a fundação de "Roma de novo", mas de uma "nova Roma"[1].

A relação entre nascimento, início, liberdade, fundação e a perplexidade ante a arbitrariedade de todo início é retomada por ela em *A Vida do Espírito*, na última seção do volume sobre o querer, intitulado precisamente "o Abismo da Liberdade

---

1   *Sobre a Revolução*, trad. D. Bottmann, São Paulo: Companhia das Letras, 2011, p. 269.

XIV   EDUCAÇÃO, UMA HERANÇA SEM TESTAMENTO

e a *Novus Ordo Saeclorum*". Arendt observa que os "homens de ação", que se viram progressivamente transformados em "homens de revolução" pelo curso dos acontecimentos revolucionários e à revelia de seus propósitos originais, logo que perceberam que não estavam mais a "recompor e reformar a integridade inicial do corpo político"[2], mas a iniciar algo sem precedentes, reviraram o repertório de experiências dos antigos à procura de ajuda para lidar com o problema da arbitrariedade de todo começo. Encontraram duas lendas fundadoras: a hebraica, em que as perplexidades com o começo absoluto são resolvidas com a imagem de um Deus criador e legislador que se encontra fora do tempo, no "absoluto de temporalidade" que é a eternidade; e a romana, traduzida por Virgílio, em sua compreensão de uma Roma sempre a atualizar e aumentar o ímpeto originário de sua fundação (que retrocede, por sua vez, a Troia), em que cada aparente ruptura é preenchida com o reatamento do vínculo com o passado.

Os revolucionários poderiam ter retornado aos gregos e à sua consciência do caráter inteiramente artificial das leis e dos pactos que conservam a comunidade política, mas, por sua perplexidade, buscavam algo mais estável que a *polis* grega, em sua demanda permanente por atualização reiterada dos vínculos na efetiva participação dos cidadãos. É como se, por perplexidade com o novo início e por seu desejo de estabilidade, fosse mais palpável ajustar Virgílio e falar de uma *novus ordo saeclorum*. A necessidade de adaptar Virgílio acabou por indicar não tanto a possibilidade de vincular-se sem mais à experiência dos antigos, mas, antes, a necessidade de arcar com o ônus da liberdade e da fundação.

Para Arendt, "o hiato legendário entre um 'não mais' e um 'ainda não' indicava claramente que a liberdade não seria um resultado automático da libertação, que o fim do velho não é necessariamente o começo do novo, que a noção de um contínuo de tempo todo-poderoso é uma ilusão"; ou, mais ainda, que quando a ação quebra o contínuo do tempo, "quando a cadeia causal é quebrada – o que ocorre depois que se alcança a liberação, já que a liberação, ainda que seja a *conditio sine qua non*

---

2   *A Vida do Espírito*, trad. C.A. Almeida, A. Abranches e H. Martins, Rio de Janeiro: Civilização Brasileira, 2009, p. 476.

PREFÁCIO XV

da liberdade, jamais é a *conditio per quam* que causa a liberdade – não resta nada em que o 'iniciante' possa se agarrar"[3].

"Não Mais e Ainda Não" é precisamente o título da resenha feita por Arendt, em 1946, de *A Morte de Virgílio*, do seu amigo Hermann Broch, obra da qual ela parece extrair essas intuições quanto a Virgílio. Arendt principia o texto como se segue:

> Hume observou certa vez que a civilização humana como um todo subsiste porque "uma geração não abandona de vez o palco e outra triunfa como acontece com as larvas e as borboletas". Em algumas guinadas da história, porém, em alguns picos críticos, pode caber a uma geração um destino parecido com o das larvas e borboletas. Pois o declínio do velho e o nascimento do novo não são necessariamente ininterruptos; entre as gerações, entre os que, por uma razão ou outra, ainda pertencem ao velho e os que pressentem a catástrofe nos próprios ossos ou já cresceram com ela, está rompida a continuidade e surge um "espaço vazio", uma espécie de terra de ninguém histórica que só pode ser descrita em termos de "não mais e ainda não".[4]

Os homens de ação revolucionários podem ter percebido em Virgílio, ainda que vagamente, segundo Arendt, "uma solução para as perplexidades do início, a qual não requer nenhum absoluto para romper o círculo vicioso em que parecem presas todas as primeiras coisas"[5]. No ensaio "O Que É Liberdade?", Arendt recorre a Montesquieu para sugerir que a ação brota sempre de princípios que inspiram o agente a partir de fora, são inexauríveis e só se dão a ver por meio da ação: "tais princípios são a honra ou a glória, o amor à igualdade, que Montesquieu chamou de virtude, ou a distinção, ou ainda a excelência [...], mas também o medo, a desconfiança ou o ódio"[6]. Os revolucionários só puderam fundar uma nova comunidade política quando se deram conta da originalidade de seu empreendimento, levado a cabo "por homens deliberando em conjunto e com a força dos compromissos mútuos. O princípio que veio

3   Ibidem, p. 473 e 476, respectivamente.
4   Não Mais e Ainda Não, *Compreender: Formação, Exílio e Totalitarismo – Ensaios (1930-1954)*, trad. D. Bottmann, São Paulo/Belo Horizonte: Companhia das Letras/Editora da UFMG, 2008, p. 187.
5   *Sobre a Revolução*, p. 271-272.
6   *Entre o Passado e o Futuro*, trad. M.W.B. Almeida, 5. ed., São Paulo: Perspectiva, 2001, p. 199.

XVI   EDUCAÇÃO, UMA HERANÇA SEM TESTAMENTO

à luz naqueles anos cruciais quando foram lançadas as fundações – não pela força de um arquiteto, mas pelo poder somado de muitos – era o princípio da promessa mútua e da deliberação comum"[7]. Descobriram que o problema de encontrar um absoluto para legitimar a fundação era, antes, um falso problema, porque a política é sempre relativa, e que as instituições políticas "dependem, para sua existência contínua, de homens em ação, e sua conservação é obtida pelos mesmos meios que as trouxeram à existência"[8]. Buscaram os romanos e, neles, encontraram também a *polis*: "o que Atenas foi, em miniatura, a América será em magnitude"[9], afirmou Thomas Paine.

Arendt insiste em duvidar da significação religiosa da "Quarta Écloga" e da compreensão de que a criança lá anunciada seria uma espécie de salvador transcendente, a-histórico e supraterreno. Antes, diz ela:

sem dúvida o poema é um hino à natividade, um louvor ao nascimento de uma criança e o anúncio de uma nova geração, uma *nova progênie*; mas, longe de ser a profecia da vinda de um salvador divino, é, ao contrário, a afirmação da divindade do nascimento em si e de que a salvação potencial do mundo está no próprio fato de que a espécie humana se regenera sempre e para sempre[10].

Entre os romanos, religioso era o caráter sagrado da fundação, que derivava seu poder coercivo desse reiterado vínculo que formava "o conteúdo profundamente político da religião romana"[11]. Para Arendt, tratava-se, antes, de encontrar os elementos políticos das experiências religiosas, como a do perdão,

---

7   *Sobre a Revolução*, p. 273.

8   O Que É Liberdade?, op. cit., p. 200.

9   Thomas Paine, The Rights of Man, *The Complete Writings*, v. I, New York: The Citadel, 1945, p. 371-372. Cf. Jacques Taminiaux, Athens and Rome, em D. Villa (ed.), *The Cambridge Companion to Hannah Arendt*, Cambridge: Cambridge University, 2000, p. 165-177.

10   *Sobre a Revolução*, p. 270. Cf. o mesmo trecho em *A Vida do Espírito*, p. 482. Em seu comentário às *Éclogas*, Wendell Clausen oferece bom lastro para as dúvidas de Arendt quanto à compreensão da criança como um salvador divino, ainda que não reforce a perspectiva dela do movimento da "Quarta Écloga" como um hino ao caráter divino do nascimento. Cf. W. Clausen, *A Commentary to Virgil Eclogues*, Oxford: Clarendon, 1994, p. 119s.

11   O Que É Autoridade?, *Entre o Passado e o Futuro*, p. 163.

PREFÁCIO

do que de sondar qualquer evocada fundação religiosa da política. E é também por isso que de Virgílio ela chega a Agostinho. Tanto em *Sobre a Revolução* como em *A Vida do Espírito*, após se deter longamente na exploração do significado do poema de Virgílio, Arendt assinala que o vínculo indicado por ele entre nascimento e início ou reinício corresponde à formulação conceitual e cristianizada concebida posteriormente por Agostinho: *Initium ut esset, creatus est homo*. Trata-se de indicar que "o propósito da criação do homem era tornar possível um *começo*"[12] e que, mais especificamente, os homens são capazes de fundar novas comunidades, "de criar um novo início, porque eles mesmos são novos inícios e, portanto, iniciadores, que a própria capacidade de iniciar se radica na natalidade, no fato de que os seres humanos aparecem no mundo em virtude do nascimento"[13]. Esse vínculo entre natalidade e ação é reafirmado em toda a obra de Arendt e é decisivo para pensar a relação entre educação e política.

Arendt concluiu a primeira edição de *As Origens do Totalitarismo*, de 1951, com a melancólica constatação de que a possibilidade de que eventos como o totalitarismo se repitam é sempre muito maior que a de seu surgimento original – e que eles sobrevivem como uma advertência, mas também como uma atração. Todavia, na segunda edição, publicada no mesmo ano da edição original de *A Condição Humana*, em 1958, e também na terceira e definitiva edição , ela optou por concluir o livro com o texto "Ideologia e Terror: Uma Nova Forma de Governo", cujo final assinala, em referência à sentença de Agostinho, que "o começo, antes de tornar-se evento histórico, é a suprema capacidade do homem; politicamente, equivale à liberdade do homem [...] Cada novo nascimento garante esse começo; ele é, na verdade, cada um de nós"[14]. E insiste, em *A Condição Humana*: "o princípio da liberdade foi criado quando o homem foi criado, mas não antes"[15], e o próprio impulso para a ação provém do nosso nascimento e é uma espécie de resposta a ele,

12 *A Vida do Espírito*, p. 486.
13 *Sobre a Revolução*, p. 270.
14 *As Origens do Totalitarismo*, trad. R. Raposo, São Paulo: Companhia das Letras, 2004, p. 531.
15 *A Condição Humana*, trad. R. Raposo, 13. ed. rev., Rio de Janeiro: Forense Universitária, 2016, p. 220.

EDUCAÇÃO, UMA HERANÇA SEM TESTAMENTO

um "segundo nascimento, no qual confirmamos e assumimos o fato simples do nosso aparecimento físico original"[16].

Esse vínculo entre nascimento e ação e entre natalidade e liberdade deixa entrever um estreito liame entre política e educação, porque "a essência da educação é a natalidade, o fato de que seres *nascem* no mundo"[17]. A insistência de Arendt em que a educação não pode desempenhar função política deve, antes, nos fazer pensar sobre a instrumentalização da inserção dos novos no mundo com o propósito deliberado de forjar neles o futuro que poderiam forjar por si próprios – não é fortuito que utopias políticas tirânicas sempre esperem muito da educação. O caráter incidental, assistemático e mesmo oblíquo das reflexões arendtianas sobre a educação jamais foi obstáculo relevante para a abordagem original e produtiva de José Sérgio Fonseca de Carvalho, como se poderá constatar neste belo livro. Temas como a autoridade, a relação com o passado e o cuidado com o mundo revelam a articulação íntima entre educação e política, antagônica a toda pretensão de produzir e controlar nas crianças e jovens a novidade que os constitui e de cuja promessa são portadores.

O núcleo da crise na educação é a crise da nossa relação com o passado, com o fato de que não apenas recebemos uma herança sem testamento[18], mas de que herdamos um passado em ruínas, prenhe de catástrofes, o que torna a tarefa educacional precípua de convidar ao *amor mundi* muito mais complicada do que já sempre é. O abandono e a corrosão do mundo na sociedade dos consumidores agrava consideravelmente esse cenário. A crise na educação tem profunda relevância política, como bem mostra José Sérgio, e parte do desafio quase aporético da educação em nossos dias tem a ver com a dificuldade de fomentar o respeito pelo passado e o compromisso com o futuro em uma sociedade que deposita no consumo sua expectativa de felicidade. Mesmo a criança que anuncia uma nova e grandiosa ordem das coisas tem, antes de tudo, que aprender

---

16 Ibidem, p. 219.

17 A Crise na Educação, *Entre o Passado e o Futuro*, p. 223.

18 "Notre héritage n'est précédé d'aucun testament" (René Char), citado em H. Arendt, Prefácio: A Quebra Entre o Passado e o Futuro", *Entre o Passado e o Futuro*, p. 28.

as glórias e feitos de seus antepassados "para ser capaz de fazer aquilo que se espera de todos os meninos romanos – 'governar o mundo a que as virtudes dos ancestrais trouxeram a paz'"[19].

Um passado que perdeu sua autoridade, que lega uma herança sem testamento, ainda conserva experiências e conhecimentos dignos de serem acessados, pensa Arendt, e uma tarefa cultural e formadora primeira consiste justamente em salvar o passado da irreparável ruína da tradição. A crise na educação se traduz na fragilidade da mediação entre o velho e o novo – e entre os velhos e os novos –, na constituição de um "espaço vazio", de um "não mais e ainda não" que pode acabar por abandonar o mundo à deriva. Assim, ainda que a educação seja um âmbito pré-político, como Arendt o define, jamais se desconecta da política nem é destituída de implicações políticas, na medida em que lida com os novos e o mundo. É com esses elementos basilares para se pensar a educação que José Sérgio Fonseca de Carvalho lida, a partir de um diálogo maduro e inspirador com a obra de Hannah Arendt, e com outras que lhe são afins, no que tange à relação entre educação e mundo comum, ao sentido público da educação.

Ao final da vida, Arendt pondera que o argumento relativo ao vínculo entre nascimento e começo, seja em Virgílio, seja em Agostinho,

é um tanto opaco, e não nos parece dizer nada além de que estamos *condenados* a ser livres porque nascemos, não importando se apreciamos a liberdade ou abominamos sua arbitrariedade, se ela nos "apraz" ou se preferimos escapar à sua terrível responsabilidade, elegendo alguma forma de fatalismo[20].

Para ela, apenas a capacidade de julgar pode, em alguma medida, dissipar tal impasse – e permitir que não se tome por maldição a tarefa de endireitar o mundo. A capacidade de julgar, de compreender, só se aprimora se é cultivada, se é ampliada por meio da imaginação, e a imaginação só resulta em uma mentalidade alargada se for alimentada de perspectivas cada vez mais plurais. Em grande medida, a educação consiste nisto:

---

19 *Sobre a Revolução*, p. 270.
20 *A Vida do Espírito*, p. 487.

XX EDUCAÇÃO, UMA HERANÇA SEM TESTAMENTO

multiplicação das perspectivas que cada um tem como levar em consideração quando se põe a julgar e compreender. Aí também não há lugar para absolutos. Como a política, a educação também "organiza, de antemão, as diversidades absolutas em vista da igualdade *relativa* e em contraste com as diferenças *relativas*"[21].

Tal crise só é catastrófica se nos recusarmos ou formos incapazes de julgar, de pensar sem um corrimão, como formula Arendt, pois nossa natalidade não se afirma apenas na nossa capacidade de deflagrar eventos no mundo:

embora tenhamos perdido os metros para medir e as regras sob as quais podemos subsumir o particular, um ser cuja essência é o começo pode trazer dentro de si um teor suficiente de origem para compreender sem categorias preconcebidas e para julgar sem esse conjunto de regras comuns que é a moralidade[22].

A ação está ontologicamente enraizada na natalidade[23], e igualmente o juízo, a capacidade de atribuir significado a uma herança legada sem manual de instruções. Mas, como a ação, o juízo também demanda um segundo nascimento, um engajamento na tarefa sem fim de compreender, no qual a educação é convocada a desempenhar um papel fundamental, mais ainda no contexto da lacuna entre o passado e o futuro.

Ao *amor mundi* corresponde a *humanitas*, o amor aos homens, que são ambos possíveis apenas mediante uma *cultura animi*, "o cultivo desinteressado do espírito e do gosto; a capacidade de fruir, apreciar e julgar as instituições e obras que integram nosso mundo comum", como bem formula aqui José Sérgio Fonseca de Carvalho. A educação continua a ser um dos poucos âmbitos onde se cultiva a dignidade do que tem na beleza e na grandeza, e não na utilidade, sua razão de ser – apesar dos opressivos esforços por convertê-la em algo tacanho, em mera formadora de capital humano e de mentalidades

21 *Denktagebuch* – 1950-1973, U. Ludz;I. Nordmann (ed.), Munique: Piper, 2002, v. I, p. 18 (I, 21, agosto de 1950).

22 Compreensão e Política, em A. Abranches (org.), *A Dignidade da Política*, 2. ed., trad. H. Martins e outros, Rio de Janeiro: Relume Dumará, 1993, p. 52. Cf. sobre o "pensar sem corrimão", Sobre Hannah Arendt, *Inquietude*, v. 1, n. 2, ago./dez. 2010, p. 160.

23 *A Condição Humana*, p. 306.

PREFÁCIO

encurtadas, adesistas e estéreis, sem imaginação para a diversidade das formas por recordar e por inventar.

Na educação, está em jogo o amor ao mundo (e os educadores devem sempre assumir a responsabilidade pelo mundo) e o amor às próprias crianças, que não são assim privadas da possibilidade de ter acesso à herança dos antepassados e de renovar o mundo comum no qual serão recebidas. Sua relevância política repousa no cultivo da "atitude que sabe como preservar, admirar e cuidar das coisas do mundo"[24]. Com isso, podemos retornar com Arendt mais uma vez aos romanos, especialmente a Cícero, ao que eles "pensavam dever ser uma pessoa culta: alguém que sabe como escolher sua companhia entre homens, entre coisas e entre pensamentos, tanto no presente como no passado"[25]. Para que tal seja possível, a educação envolve sempre e previamente tomar o partido do mundo e dos homens para além de qualquer relação instrumental, ainda que também a inclua: ela consiste no convite à *humanitas* e ao *amor mundi*, um mundo que só se conserva pela renovação. Apenas assim é possível continuar a anunciar a boa nova: "um menino nasceu – o mundo tornou a começar!"[26]

Adriano Correia
Professor de filosofia da UFG

---

24 A Crise na Cultura: Sua Importância Social e Política, *Entre o Passado e o Futuro*, p. 280.
25 Ibidem, p. 281.
26 João Guimarães Rosa, *Grande Sertão: Veredas*, 19. ed., Rio de Janeiro: Nova Fronteira, 2001, p. 362. Cf. H. Arendt, *A Condição Humana*, p. 306.

Introdução

Refletir sobre problemas e impasses da educação contemporânea a partir de um diálogo com a obra de Hannah Arendt nos coloca uma série de dificuldades. A primeira delas diz respeito ao caráter esparso desse tema em sua obra. Por vezes, ele aparece de forma incidental em seus ensaios políticos, como no caso de "A Crise da Cultura: Seu Significado Político e Social"[1]. Em outras, é retomado, ainda que de forma breve e marginal, em suas notas de aulas e textos de conferências da década de 1960, como na publicação póstuma "Algumas Questões Sobre Filosofia Moral"[2]. Seria ainda possível incluir nesse pequeno rol suas polêmicas "Reflexões Sobre Little Rock"[3], nas quais Arendt analisa a implantação de uma política de integração étnico-racial em escolas estadunidenses, embora, para importantes comentaristas, o tema central desse artigo não seja a educação, mas a distinção entre os domínios político e social.

---

1 Cf. *Between the Past and the Future,* p. 194-222.
2 *Responsabilidade e Julgamento,* p. 112-212.
3 Ibidem, p. 261-280. Cf. Larry May; Jerome Kohn, *Hannah Arendt: Twenty Years Later,* Massachusetts: MIT Press, 1997

2 EDUCAÇÃO: UMA HERANÇA SEM TESTAMENTO

Na verdade, é apenas num ensaio de 1958[4] que Arendt aborda específica e rigorosamente a formação educacional como um problema político de primeira grandeza.

Acresce-se que, além de pouco frequentes, as reflexões da autora sobre educação são extremamente intricadas e costumam pressupor uma razoável familiaridade do leitor com a complexa teia conceitual de que ela se vale em seus "exercícios de pensamento político"[5], o que tende a dificultar sobremaneira sua compreensão. Como entender, por exemplo, sua proposta de radical separação entre os domínios da educação e da política sem a clara percepção do sentido estrito com que ela usa essas duas noções? Como, por outro lado, admitir o postulado divórcio entre os dois domínios, se, em Arendt, o sentido da educação não se separa do compromisso político com a conservação e a renovação de um mundo comum por meio da iniciação de crianças e jovens na herança material e simbólica de uma comunidade cultural? E, ainda, como se ater ao sentido histórico que ela atribui à prática educativa num mundo que se mostra fragmentado pelo isolamento político típico de uma *sociedade de consumidores* e, paradoxalmente, homogeneizado pela força da indústria cultural e dos meios de comunicação de massa?

A despeito de todas essas dificuldades, sua obra tem despertado um interesse notável e crescente entre educadores, intelectuais e profissionais de educação. É provável que o recente prestígio decorra, pelo menos em parte, do fato de que, em Arendt, a *crise na educação* não é concebida como decorrente de qualquer suposta obsolescência técnica das práticas pedagógicas. Daí por que a frenética sucessão de novas pedagogias e metodologias de trabalho é por ela vista, antes, como um sintoma da crise do que como sua potencial solução. Tampouco seria o caso, para Arendt, de se conceber a crise na educação como reflexo imediato de determinações exteriores ao campo, como se ela não passasse de mero epifenômeno de uma crise no modo de produção que, uma vez superado, implicaria diretamente a solução dos impasses educacionais que hoje vivemos.

---

4 Trata-se, é claro, de *A Crise na Educação*, publicado inicialmente na *Partisan Review* e posteriormente incluído em *Between the Past and the Future*.
5 Trata-se do subtítulo de *Entre o Passado e o Futuro*.

INTRODUÇÃO 3

Ao pensar a crise na educação, Arendt não a desvincula das mudanças políticas e culturais que marcaram a emergência do *mundo moderno*, mas não deixa de ressaltar o caráter peculiar e inusitado de seus desafios na sociedade contemporânea:

> o problema da educação no mundo moderno reside no fato de ela não poder abrir mão, pela *peculiaridade de sua natureza*, nem da autoridade, nem da tradição; mas mesmo assim ser obrigada a caminhar em um mundo que não é estruturado pela autoridade nem mantido coeso pela tradição[6].

A compreensão da especificidade dessa crise – que é a do mundo moderno, que se espalha e toma forma própria na educação – exige que pensemos tanto o significado das transformações políticas e culturais da era e do mundo modernos[7] como o significado e a natureza da educação, o que, para Arendt, decorre da natalidade, do fato de que o nascer de cada criança representa, simultaneamente, que há um *novo ser* no sempiterno ciclo vital da natureza, mas que há também um novo ser no mundo dos homens.

Esse mundo para o qual a criança nasce não coincide com o planeta Terra como ambiente natural em que o vivente humano encontra as condições biológicas que lhe permitem conservar e reproduzir a vida. Ele é, antes, uma criação do artifício humano, um legado de realizações materiais e simbólicas – objetos, instituições, práticas, princípios éticos, tradições políticas, crenças, saberes – nas quais os recém-chegados (crianças e jovens) devem ser iniciados por meio da educação. É, pois, pela educação, que esse legado público de realizações históricas se transforma para cada criança num legado que é *seu*, que lhe pertence por direito e que, por meio da educação, pode vir a lhe pertencer de fato.

Assim, na qualidade de vivente, nascemos integrados a um ciclo vital do qual somos parte e no qual nos fundimos; na qualidade de homem mundano, nascemos "estrangeiros" em

6 Ibidem, p. 191 (grifo nosso).
7 Já no prólogo de *A Condição Humana*, Arendt alerta para a diferença que estabelece entre a "era moderna", o período histórico que se inicia por volta do século XVII, e o "mundo moderno", que em seus escritos se refere especificamente às experiências políticas e ao modo de vida que marcaram o século XX.

relação a um mundo preexistente que abandonaremos ao morrer. Por isso, cada um de nós é um ser novo no mundo, embora sejamos simplesmente mais um novo ser no ciclo vital. Cada um é um ser *singular* na *pluralidade* de homens que habitam um mundo, embora só mais um membro de uma espécie que se repete, do ponto de vista da reprodução orgânica da vida. E é por pertencermos a um mundo e nele sermos capazes de agir politicamente e historicamente que somos sujeitos – ou, para ser fiel à terminologia arendtiana, agentes reunidos num mundo comum – e não apenas indivíduos pertencentes a uma mesma espécie. Cada ser novo no mundo é um novo alguém; um alguém distinto de todos aqueles que nele estiveram antes ou que o sucederão na continuidade desse mundo.

É, pois, a educação, em seu sentido lato, que imprime a cada existência individual a potencialidade de pertencimento a uma comunidade histórica e cultural, ou seja, a um mundo comum. Comunidade histórica porque o mundo não é meramente algo que compartilhamos com aqueles com quem convivemos aqui e agora, no espaço ou no tempo de nossa breve existência individual. Ele representa, antes, o vínculo com um legado que:

transcende a duração de nossa vida tanto no passado como no futuro […] que preexistia à nossa chegada e sobreviverá à nossa breve permanência. É o que temos em comum não só com aqueles que vivem conosco, mas também com aqueles que aqui estiveram antes e com os que virão depois de nós[8].

Por isso a educação se situa entre o passado e o futuro, entre um mundo comum e um sujeito que lhe é estranho, entre a tradição e a ruptura.

Afirmar a existência de uma crise nas formas e, sobretudo, no sentido público que atribuímos ao processo de iniciação em um mundo comum não implica, para Arendt, asseverar necessariamente seu *declínio* ou *degeneração*, como pode sugerir o uso corrente dessa expressão. O conceito de crise em Arendt nos remete, antes, a alguns dos usos primeiros que o termo grego κρίση (*krisis*) comporta: ação de separar, distinguir; escolha, seleção; ação de julgar, decidir, donde sua vinculação

8   *A Condição Humana*, p. 67.

etimológica com o termo κριτήριο (*kriterion*), que poderia ser definido como: critério, faculdade de julgar ou norma para discernir o verdadeiro do falso[9]. A crise emerge, pois, da ruptura da tradição, da falta de experiências comuns e de significações compartilhadas que nos apresentam critérios por meios dos quais, por exemplo, discernimos o verdadeiro do falso, julgamos algo belo ou feio etc. Por isso, "o desaparecimento do sentido comum nos dias atuais" – ou seja, o esvanecimento de critérios comuns e compartilhados de julgamento estético ou de validação epistemológica, por exemplo – é o mais claro sinal da crise: "Em toda crise, é destruída uma parte do mundo, alguma coisa comum a todos nós. O desaparecimento do sentido comum aponta, como uma vara mágica, para o lugar onde ocorreu tal desmoronamento."[10]

Nesse sentido, afirmar a existência de uma crise na educação significa, inicialmente, reconhecer que perdemos as respostas sobre as quais nos apoiávamos no que concerne aos procedimentos, às escolhas e, sobretudo, ao significado público que atribuímos ao processo educacional. (O que ensinar? Como? Em nome de que educar?) Significa ainda que perdemos os critérios aos quais acreditávamos poder recorrer na busca de tais respostas; que não compartilhamos regras ou princípios que possam nos guiar nessas decisões urgentes. Mas não significa, necessariamente, decadência, declínio ou desastre:

uma crise só se torna um desastre quando a ela respondemos com julgamentos preconcebidos, isto é, com preconceitos. Uma atitude como essa não apenas aguça a crise como nos priva da experiência do real e da oportunidade que ele nos proporciona de refletir[11].

Assim, para Arendt, a ruptura da tradição, o desaparecimento de experiências comuns capazes de fornecer critérios compartilhados de julgamentos, a moderna dissolução das comunidades políticas em favor de uma sociedade de indivíduos e mesmo a perda do vigor da vida pública não são, por si sós, capazes de retirar dos homens as faculdades de *pensar* e de

9   Cf. *Dicionário Grego-Português*, p. 94.
10   *Entre o Passado e o Futuro*, p. 175.
11   Ibidem, p. 171.

6 EDUCAÇÃO: UMA HERANÇA SEM TESTAMENTO

julgar; de pôr em questão os significados pessoais e políticos de suas práticas e a razão de ser de suas lutas. Nesse propósito, mais do que o resultado daquilo que por ela foi pensado, o convite ao pensamento parece ser o maior legado de Arendt para quem tem na educação pública um objeto de preocupação teórica e um compromisso político-existencial.

Os ensaios que compõem esta obra não pretendem apresentar uma síntese da diversidade de problemas e da riqueza das reflexões de Arendt sobre o impacto da crise do mundo moderno no campo da formação educacional. Eles incidem sobre problemas que emergem do diálogo entre a leitura das obras de Arendt e dilemas, impasses e incertezas da experiência de educar e formar professores no mundo contemporâneo. E, por essa razão, convocam outros pensadores, evocam novos acontecimentos, criam novos diálogos. Trata-se de uma opção que comporta riscos e cria vulnerabilidades, pois, naqueles "que se esforçam no sentido de estabelecer um diálogo de pensamento entre pensadores, maiores são os perigos de fracassos, mais numerosos os riscos de lacunas"[12]. Os riscos assumidos aqui terão sido plenamente justificados se a leitura desses "exercícios de pensamento" em educação convidar a novas reflexões; se, tal como um "moscardo socrático", ensejar seus interlocutores a examinar por si mesmos os temas e as questões evocadas.

BREVE NOTA SOBRE OS ENSAIOS AQUI APRESENTADOS

Os cinco ensaios ora apresentados incidem sobre pontos cruciais das reflexões de Arendt acerca da crise moderna da educação. Dois de seus temas – o impacto do advento de uma sociedade de consumidores nos discursos e nas práticas educacionais e os vínculos entre formação escolar e a liberdade como atributo da vida política – foram abordados, por mim, em textos anteriores[13], embora tenham sido substancialmente modificados para

---

12 M. Heidegger. *Kant et le problème de la métaphysique*, p. IX.
13 São eles: "O Declínio da Educação", na *Revista Brasileira de Estudos Pedagógicos*, v. 89, 2008 e "A Liberdade Educa ou a Educação Liberta?", na *Revista da Faculdade de Educação da USP*, v. 36, 2010.

INTRODUÇÃO 7

a presente obra. Já os temas do lugar da autoridade nas relações educativas, das distinções e relações entre política e educação e do ideal de uma formação humanista (*cultura animi*), a despeito de sua relevância nas reflexões de Arendt, só apareceram incidentalmente em publicações anteriores. A busca aqui empreendida, de uma análise sistemática de seu significado no pensamento de Arendt – e de algumas lacunas em sua perspectiva –, procura responder a essa inanidade. Embora relativamente autônomos, os ensaios guardam estreita relação entre si e, por vezes, pressupõem uma elucidação conceitual apresentada em um capítulo anterior. Ainda assim, creio que possam ser lidos como unidades independentes.

As citações da obra *A Condição Humana* foram feitas a partir da edição de 2010, revista por Adriano Correia. Já no caso da obra *Entre o Passado e o Futuro*, preferi recorrer à edição norte-americana de 2006, *Between the Past and Future*, e, a fim de evitar algumas imprecisões e omissões que poderiam comprometer a compreensão de certos trechos, optei por uma tradução própria, embora tenha sempre me preocupado em cotejá-la com a edição brasileira e me esforçado por aproveitá-la ao máximo, daí ser ela a edição referida em nota.

1. A Formação Escolar em uma Sociedade de Consumidores

> [...] *uma sociedade de consumidores não é capaz de saber como cuidar de um mundo e das coisas que pertencem exclusivamente ao espaço mundano das aparências, porque sua atitude fundamental em relação a todos os objetos, a atitude do consumo, espalha a ruína em tudo aquilo que toca.*
>
> HANNAH ARENDT

A partir do final da década de 1970, a Europa empreendeu um intenso esforço político que visava renovar procedimentos pedagógicos e objetivos educacionais de seus sistemas de ensino, vinculando-os cada vez mais diretamente aos ideais de um acelerado processo de transformação social e econômica. Num texto de 1979, Claude Lefort analisou o significado político dessas reformas "modernizantes" e, em tom irônico, ressaltou o paradoxo que engendram:

o que há de notável num tempo como o nosso, em que nunca antes se falou tanto de necessidades sociais da educação, em que nunca antes se deu tanta importância ao fenômeno da educação, em que os poderes públicos nunca antes com ela se preocuparam tanto, é que *a ideia ético-política de educação se esvaiu* [1].

Mais de trinta anos depois, a então almejada "modernização pedagógica" parece dominar os discursos educacionais em escala global. A exemplo de dezenas de países, o Brasil incorporou seu jargão em documentos normativos – como as Diretrizes e os Parâmetros Curriculares Nacionais – e adotou

---

1   *Écrire à l'épreuve du politique*, p. 219 (grifo nosso).

seus objetivos e conceitos nas políticas de avaliação do rendimento escolar. A retórica sobre as supostas necessidades econômicas de um sistema educacional de "qualidade" se consolidou e se tornou tema recorrente na mídia, em campanhas eleitorais e discursos de governantes. Simultaneamente, o discurso republicano clássico, historicamente identificado com a fundação dos sistemas nacionais de ensino, passou a soar cada vez mais distante e anacrônico. Embora não completamente esquecido, o ideal de uma formação voltada para o cultivo das chamadas "virtudes públicas" parece perder progressivamente sua força como princípio capaz de inspirar práticas pedagógicas ou como ideal regulador de políticas públicas em educação.

A busca da compreensão dos condicionantes históricos e sociais dessa transformação costuma apontar fatores internos ao campo educacional, como deficiências na formação de professores e o caráter tecnicista do currículo e das políticas públicas contemporâneas. De fato, aspectos como esses podem ter grande impacto no significado que atribuímos às práticas pedagógicas e no modo pelo qual estabelecemos metas e objetivos educacionais, mas não dão conta da complexidade do fenômeno de que tratamos. Por isso, convém não nutrir a expectativa ingênua de que o esvanecimento de um sentido ético-político da atividade educativa pode ser detido por meras reformulações nas diretrizes para a formação de professores ou por políticas de reinserção e valorização das "humanidades" no currículo escolar, por mais desejáveis que essas venham a ser. Afinal, as transformações nesses âmbitos parecem, antes, confirmar tal esvanecimento que explicar sua gênese ou desvelar seus condicionamentos históricos e sociais.

Nestas reflexões, procuramos compreender o declínio do *sentido público* da educação – ou do progressivo esvanecimento da ideia ético-política de educação, como propõe Lefort – a partir de um fenômeno exterior ao campo pedagógico, mas cujas consequências nele se fazem sentir diretamente. Examinamos o impacto, no âmbito da educação escolar, da crescente e contínua diluição das fronteiras entre os domínios público e privado e a ascensão de uma sociedade de consumidores no mundo contemporâneo. O que procuramos mostrar é a existência de uma estreita relação entre a submissão dos discursos

A FORMAÇÃO ESCOLAR EM UMA SOCIEDADE DE CONSUMIDORES 11

educacionais aos imperativos econômicos e a perda de seu significado ético-político.

A emergência e a consolidação dos discursos pedagógicos que proclamam como ideal educativo o desenvolvimento de competências e capacidades individuais – ou aqueles que se referem à formação escolar como um investimento em *capital humano* – são exemplos frisantes das transformações que se operam nas proposições de políticas educacionais, na adoção de reformas pedagógicas e nos meios e recursos a partir dos quais se pensam, orientam e avaliam as práticas educativas. Para uma análise mais detida dessa tese, examinaremos a gênese histórico-conceitual das noções de *público* e *privado* para depois mostrar sua diluição na sociedade de consumo e avaliar o impacto dessa diluição no âmbito dos discursos que atribuem um sentido e um lugar social à atividade educativa.

O PÚBLICO, O PRIVADO
E A SOCIEDADE DE CONSUMIDORES

Tornou-se lugar-comum apontar a existência de uma crescente tensão entre os domínios público e privado, suas fronteiras e características. Há discursos que, em tom apreensivo, denunciam um declínio e mesmo o eventual desaparecimento do primeiro como resultado do que seria uma crescente "privatização" de todas as esferas da vida em nossa sociedade. Em outro viés ideológico, fala-se numa incontornável ineficiência do "setor público" em comparação à "agilidade da iniciativa privada". A evocação dos termos em que se apresenta essa controvérsia basta para sugerir que a dicotomia "público" *versus* "privado" há tempos não se resume a contendas acadêmicas, habitando já o universo discursivo cotidiano.

É provável que, nesse uso habitual, nossas referências sejam suficientemente claras para os propósitos mais imediatos da comunicação: informar, persuadir ou emitir uma opinião. Contudo, não é difícil se dar conta de que a polissemia dos termos pode gerar ambiguidades e imprecisões, comprometendo a aparente clareza de seu uso habitual. Não é raro, por exemplo, que o adjetivo "público" seja direta e exclusivamente identificado com o que é instituído ou mantido pelo Estado, como uma "escola pública" ou um "hospital público". Mas, a criação e o financiamento estatal garantem o "caráter público" de uma instituição? Um banco criado e mantido pelo Estado deve necessariamente ser considerado uma "instituição pública", ou seria apenas uma empresa ou organização que funciona de acordo com os padrões do domínio privado, ainda que a partir de recursos públicos? Em caso afirmativo, pode, então, haver uma instituição que, do ponto de vista de sua propriedade, seja um patrimônio público, mas, da perspectiva de seu funcionamento, produto ou acesso, seja uma organização privada? "Estatal" sempre equivale a "público" ou o interesse do Estado pode entrar em conflito com o interesse público?

Talvez a vinculação imediata entre "público" e posse estatal, assim como entre "privado" e propriedade particular – tão recorrente a partir da era moderna –, seja uma das formas mais corriqueiras de se definirem os termos da dicotomia, mas ela é bastante problemática, já que ignora a complexidade dos fatores envolvidos em prol de um aspecto isolado que é incapaz de fornecer bases para o estabelecimento de distinções e relações fundamentais entre os dois domínios.

Ora, há objetos simbólicos que não são propriedade – nem pública nem privada –, embora sejam correntemente concebidos como "bens públicos", como é o caso da língua de uma nação. A língua portuguesa – como o tupi – não é uma propriedade ou posse, em sentido estrito, de ninguém, embora seja vista como um bem simbólico comum e público. Tampouco seu caráter público deriva de qualquer sorte de vínculo ou controle estatal, mas do fato de ser um objeto da cultura comum de um povo.

Exemplos como esse poderiam se multiplicar e diversificar. No entanto, basta a breve evocação do caráter público de um saber comum para ressaltar que, em vez de elucidar, o critério mais recorrente para o estabelecimento de distinções e relações entre os domínios público e privado tende a obscurecer suas especificidades. Essa confusão, por sua vez, não decorre apenas da falta de uma informação ou de uma fragilidade teórico-conceitual, como poderia ser o caso do uso vago ou impreciso de conceitos como *inércia* ou *classe social*. Ela revela um aspecto

A FORMAÇÃO ESCOLAR EM UMA SOCIEDADE DE CONSUMIDORES 13

marcante da experiência política no mundo contemporâneo: a indistinção entre esses dois domínios da existência humana. Como, pois, pensar a distinção entre domínios que se apresentam sobrepostos e indistintos em nossa experiência cotidiana? No quadro do pensamento político de Hannah Arendt[2], o esforço de elucidação conceitual nos remeterá à busca do sentido primeiro da experiência política que os criou: a da *polis* democrática pré-filosófica. Esse retorno a uma experiência política fundadora não deve ser tomado como signo de nostalgia ou melancolia, como sugerem algumas leituras de sua obra[3]. Ele repousa, antes, na convicção de que a formulação primeira de certos conceitos pode trazer a significação fundamental das experiências políticas que lhes deram origem, de forma que a compreensão de um acontecimento histórico venha a se tornar um elemento potencialmente fecundo para iluminar aquilo que, no presente, mostra-se obscuro ou indistinto.

Assim, Arendt recorre à experiência da Atenas democrática não por nostalgia nem por um interesse fundamentalmente historiográfico num aspecto do passado, mas a partir da constatação de um problema que emerge da experiência política contemporânea: o fato de que "no mundo moderno, os dois domínios [público e privado] constantemente recobrem um ao outro, como ondas no perene fluir do processo da vida"[4]. Portanto, o que leva Arendt a buscar nas experiências políticas

2   A distinção arendtiana entre os domínios público e privado não deve ser tomada como a enunciação de uma dicotomia rígida e estanque, o que obscureceria seu necessário caráter relacional, dinâmico e interdependente. Como salienta André Duarte, "é preciso caracterizar as inúmeras distinções conceituais propostas por Arendt ao longo de sua obra, pensando-as sempre em seu caráter *relacional*, isto é, sob a pressuposição de que aquilo que se distingue mantém uma relação intrínseca com aquilo *de que* se distingue [...] de modo que a própria exigência arendtiana de estabelecer distinções implica o reconhecimento de que, na vida política cotidiana, o limite jamais é absoluto, mas sempre tênue e sujeito à contaminação e ao deslocamento" (*O Pensamento à Sombra da Ruptura*, p. 134, grifos do original). Evidentemente, essa observação se aplica a todas as outras distinções a que nos referimos aqui.

3   Gérard Lebrun e Renato Janine Ribeiro, por exemplo, criticam o pensamento de Arendt a partir dessa perspectiva. Contudo, como ressalta Adriano Correia, em sua Apresentação de *A Condição Humana*, "Arendt retorna aos gregos não pela nostalgia de uma era política ideal, mas por julgar que, a despeito da fragilidade política de Atenas, [...] inaugurou-se naquele momento uma dimensão da existência humana até então desconhecida, voltada à liberdade" (p. xxxii).

4   *A Condição Humana*, p. 40.

14 EDUCAÇÃO: UMA HERANÇA SEM TESTAMENTO

pré-filosóficas uma base para sua análise teórico-conceitual são os problemas de uma sociedade de produção e consumo, cujo crescimento transforma a esfera pública em mera administradora dos interesses privados e esses na única preocupação comum entre os homens. Para a autora, no contexto da democracia ateniense, os domínios público e privado constituíram uma relação de oposição e complementaridade, de distinção entre *necessidade* e *liberdade,* de tensão entre a fluidez que a tudo consome na manutenção do ciclo vital e a busca de permanência e durabilidade num mundo erigido pelo artifício humano.

Nessa perspectiva, a instituição de um domínio público na *polis* não decorre direta e, imediatamente, do caráter gregário da espécie humana, nem representa uma extensão das preocupações e características da vida privada:

A capacidade humana de organização política não apenas é diferente dessa associação natural cujo centro é o lar (*oikia*) e a família, mas encontra-se em oposição direta a ela. O surgimento da cidade-Estado significou que o homem recebera, "além de sua vida privada, uma espécie de segunda vida, o seu *bios politikós.* Agora, cada cidadão pertence a duas ordens de existência; e há uma grande diferença em sua vida entre aquilo que lhe é próprio (*idion*) e o que lhe é comum (*koinon*)".[5]

Logo, a esfera privada ligada à casa e aos laços familiares vinculava-se à dimensão vital da existência humana (*zoe*)[6], aos esforços para atender às necessidades da vida, para criar formas de garantir a sobrevivência individual e a continuidade da espécie. Seu traço distintivo residia no fato de que, no âmbito da existência, na qualidade de meros viventes, os homens eram compelidos a se associar em função das carências e necessidades

5 Werner Jaeger apud *A Condição Humana,* p. 28.
6 No início de seu ensaio O Conceito de História, em *Entre o Passado e o Futuro,* Arendt faz uma distinção entre os termos gregos *bios* e *zoe,* ambos frequentemente traduzidos para as línguas latinas indistintamente como *vida:* "A mortalidade do homem reside no fato de que a vida individual, uma *bios,* com uma história de vida reconhecível entre o nascimento e a morte [uma 'biografia'], emerge da vida biológica, *zoe*" (p. 42). *Bios* refere-se, pois, ora à existência singular de um homem, ora a um *modo de vida,* como nas expressões *bios politikos* ou *bios theoretikos,* que designam duas formas de existência dedicadas, respectivamente, aos negócios da vida comum da cidade – *polis* – ou à busca da contemplação da verdade. Já *zoe* é a *vida nua,* a dimensão primeira e biológica que os homens compartilham com todos os demais viventes.

A FORMAÇÃO ESCOLAR EM UMA SOCIEDADE DE CONSUMIDORES 15

impostas pela dinâmica do ciclo vital. Por isso, a comunidade natural do *lar* decorre da necessidade e a ela permanece ligada, enquanto a criação de uma comunidade *política* – e a constituição de um espaço público capaz de abrigá-la – testemunha a liberdade como desígnio político da *ação* humana.

O domínio do privado é também, por excelência, aquele que abriga as atividades humanas cujos produtos serão imediatamente consumidos no ciclo incessante de geração, manutenção e perpetuação do organismo em seu metabolismo com a natureza: o trabalho (*labor*)[7]. A atividade de cozinhar, por exemplo, é fundamentalmente uma modalidade de trabalho, já que seu produto – a refeição – destina-se a ser consumido no esforço de manutenção da vida, individual e da espécie. O caráter efêmero dos bens de consumo gerados pela atividade do trabalho os encerra num movimento circular de fusão entre o homem, em sua dimensão de ser vivente (de *animal laborans*), e o espaço vital em que ele se desenvolve e se renova perpetuamente. O processo de consumo e reprodução, de esgotamento e regeneração, aprisiona o vivente numa temporalidade circular da qual participa e na qual se funde, como uma árvore que se alimenta de elementos do solo até que, com sua degeneração e morte, a esse venha a se integrar, passando a servir de alimento para novas árvores...

Já o domínio público surge a partir da constituição de um mundo comum que não se confunde com o espaço coletivo vital e natural em que a espécie humana e seus viventes individuais lutam pela sobrevivência em meio a outras espécies e outros indivíduos. Trata-se, antes, de um conjunto interligado de objetos, instrumentos, instituições, linguagens, costumes, enfim, de um mundo criado pelo artifício humano, um mundo

---

7   Em *A Condição Humana*, Arendt se refere ao "trabalho" (*labor*), à "obra" (*work*) e à "ação" (*action*) como as três atividades fundamentais da *vita activa*. A distinção entre *labor* e *work*, inusitada, como ela mesma reconhece, tem gerado inúmeras polêmicas cujo exame escapa aos propósitos desta reflexão. Importa, contudo, ressaltar que Arendt usa o termo *work* como equivalente ao grego *poiesis*, que indica a ação de fabricar, a confecção de um objeto artesanal, de natureza material ou intelectual, como a poesia. Da mesma forma, "ação" (*action*) visa traduzir o termo grego *práxis* – agir, cumprir, realizar até um fim –, usado nos campos ético e político. Assim, enquanto na *poiesis* o objeto criado e seu artífice são distintos e separáveis, na *práxis*, não: a ação revela quem o agente é.

em que adentramos ao nascer e que deixamos ao morrer. Um lar imortal no qual se desenrola a existência (*bios*) – não apenas a vida (*zoe*) – de cada novo homem que nele adentra. É por também participar de um mundo que a existência singular de cada novo homem rompe a temporalidade circular do ciclo vital e instaura a linearidade como signo da *mortalidade* humana:

A mortalidade dos homens reside no fato de que a vida individual, com uma história vital identificável desde o nascimento até a morte, advém da vida biológica. Essa vida individual difere de todas as outras coisas pelo curso retilíneo de seu movimento, que, por assim dizer, trespassa o movimento circular da vida biológica. É isto a mortalidade: mover-se ao longo de uma linha reta em um universo em que tudo o que se move o faz em um sentido cíclico.[8]

Desse modo, para que a *vida* de um indivíduo da espécie humana possa se transformar na *existência* de um alguém – em sua unicidade incontornável –, é preciso que ao processo circular da natureza se sobreponha a condição especificamente humana de pertencimento a um mundo, de vinculação existencial a um universo durável de objetos criados pela *fabricação* e de inserção numa teia de relações humanas. Ora, se o trabalho se caracteriza pela produção de bens que serão consumidos imediatamente no próprio ciclo da subsistência (como a refeição), é por meio da fabricação de objetos e instrumentos (como uma panela) que o homem é capaz de produzir bens que permanecem para além de seu uso imediato, bens de uso cuja durabilidade e permanência emprestam estabilidade ao mundo.

Assim, a capacidade de fabricar (*work*) objetos e instrumentos, de produzir obras duráveis – que, apesar de se apoiar na matéria dada pela natureza, a ela se opõem e resistem –, permite ao homem superar sua condição de *animal laborans* em favor de uma nova dimensão em sua existência: a de *homo faber*, um ser capaz de construir um mundo que abriga sua existência e transcende a vida individual de cada um de seus membros. A fabricação de uma mesa, por exemplo, é feita a partir de um material dado pelo ciclo biológico da vida, mas o transforma numa obra que o retira desse ciclo. Convertida

8 *A Condição Humana*, p. 22-23.

em mesa, a madeira rompe a circularidade da reprodução em favor da linearidade da produção. Seu destino não é mais o processo imediato de integração ao ciclo da natureza (na forma de elemento do solo que um dia a alimentou), mas a potencialidade de permanecer como um objeto do mundo humano até que seu desgaste ou abandono a leve, de novo, à condição de matéria orgânica do ciclo vital. Por isso, a durabilidade do artifício humano depende tanto da capacidade de criar obras como do reconhecimento público de seu pertencimento a um mundo comum.

Uma catedral, um monumento ou uma mesa só podem vir a existir, porque a fabricação humana retira a pedra ou a madeira do ciclo da natureza – que as gerou e as consumiria – e lhes empresta um novo uso e um significado comum e compartilhado. Se não forem reconhecidas como obras do mundo comum, uma mesa ou uma catedral voltam a ser madeira e pedra, reintegrando-se ao ciclo de consumo da natureza e da vida. É, pois, do cuidado e da durabilidade da obra humana que o mundo público retira sua capacidade de transcender as vidas individuais que abriga, de vinculá-las tanto ao passado como ao futuro comum. Por essa razão, é possível afirmar que o mundo comum:

> preexistia à nossa chegada e sobreviverá à nossa breve permanência nele. É o que temos em comum não só com aqueles que vivem conosco, mas também com aqueles que aqui estiveram antes e com os que virão depois de nós. Mas esse mundo comum só pode sobreviver ao ir e vir das gerações na medida em que aparece em público. É a publicidade do domínio público que pode absorver e fazer brilhar por séculos tudo que os homens venham a querer preservar da ruína natural do tempo[9].

Logo, é em função de seu potencial caráter mundano que as obras humanas ganham durabilidade, opondo-se ao ciclo do consumo vital ao qual estaria destinada a matéria que lhes dá origem. Todavia, o caráter mundano depende de sua visibilidade, de sua qualidade de objeto que aparece à pluralidade de homens que habitam o mundo. Enquanto o domínio privado se caracteriza pelo ocultamento e pela proteção da vida, o caráter

9   Ibidem, p. 67.

público do mundo comum vincula-se à sua visibilidade, ou seja, ao fato de que os objetos que o compõem, as relações que nele se inscrevem e os feitos e palavras pelos quais os homens nele se revelam podem ser vistos e ouvidos por todos.

Portanto, no mundo antigo, a dicotomia entre os domínios público e privado encerrava também a cisão entre o que é apropriado à visibilidade do mundo comum e o que dele deve ser ocultado. Os mistérios da vida humana como o nascimento e a morte exigem o resguardo da privacidade, assim como o amor e seus frutos, que precisam ser protegidos das ameaças do mundo. Mas é também o caráter de privação que impede àqueles cuja vida se restringe ao domínio do lar e às atividades ligadas à sua manutenção – como as mulheres e os escravos – a possibilidade de revelarem a singularidade de seu ser em meio à pluralidade dos homens. Pois é só ao aparecer no mundo público que os homens, liberados da necessidade de lutar pela vida, podem se encontrar com seus iguais para, juntos, criar, manter e renovar a dimensão pública e política de sua existência: seu *bios politikós*.

Entendida como um modo de existência, a política não se confunde, no pensamento arendtiano, com o governo da sociedade, mesmo que o pressuponha em algum grau. Tampouco se confunde com a fabricação de determinada configuração social ou produtiva, pois a lógica instrumental que preside os processos de fabricação de objetos não pode ser aplicada ao âmbito das relações entre os homens sem destruir sua especificidade[10]. Enquanto a primeira, a lógica instrumental, é regida pela relativa independência entre os meios utilizados e os fins

---

10 Em *Entre o Passado e o Futuro*, Arendt destaca que, diferentemente da ação e da fala, a "fabricação" sempre implica a relação "meios e fins", pois essa categoria "obtém sua legitimidade da esfera do fazer e do fabricar, em que um fim claramente reconhecível, o produto final, determina e organiza tudo o que desempenha um papel no processo – o material, as ferramentas [...]; tudo se torna simples meio dirigido a um fim e justificado como tal. Os fabricantes não podem deixar de considerar todas as coisas como meios para seus fins ou, quando for o caso, julgar tudo pelo critério de sua utilidade específica. No momento em que esse ponto de vista é generalizado e estendido a outros campos, fora da esfera da fabricação, produz-se a mentalidade instrumental-utilitarista [*banausic mentality*]" (p. 212). A transposição desse tipo de mentalidade e de seus critérios para o âmbito da ação política destrói a peculiaridade desta última, pois "exige que ela vise a um fim predeterminado e que lhe seja permitido lançar mão de todos os meios que possam favorecer esse fim" (Ibidem).

A FORMAÇÃO ESCOLAR EM UMA SOCIEDADE DE CONSUMIDORES 19

almejados, na segunda, a escolha dos meios vincula-se imediata e diretamente aos fins que se perseguem (a luta política pela igualdade, por exemplo, pressupõe sua promoção em cada ação comprometida com seu desenvolvimento; não se trata, pois, de uma promessa a ser alcançada ao final do processo e para a qual qualquer meio é igualmente aceitável).

Em síntese, a política – e o *bios politikós* entendido como uma dimensão da existência do humano – não se reduz aos meros esforços coletivos de reprodução do ser vivente, tampouco à capacidade humana de fabricar objetos e instrumentos úteis à vida comum. Ela os pressupõe, mas os ultrapassa em favor de uma terceira dimensão da existência humana: a capacidade de agir em meio a outros homens (*práxis*). É a ação – a teia de relações que os homens estabelecem entre si ao se inserirem num espaço comum – que é capaz de conferir um sentido ao mundo.

Reduzido à sua luta pela sobrevivência e reprodução, o *animal laborans* permanece prisioneiro da necessidade e está sujeito a "um ciclo inflexível de labutas e penas em vista de uma saciedade nunca alcançável de uma vez por todas"[11]. Restritos à sua dimensão de fabricantes de objetos e instrumentos, os homens se tornam prisioneiros da lógica instrumental, em que tudo é sempre um meio para outro fim, numa cadeia infinita e completamente destituída de significado próprio. Por sua capacidade de agir – ou seja, de romper os automatismos sociais e iniciar algo de novo –, o homem é capaz de atribuir um sentido à sua existência como um ser histórico e singular em meio à paradoxal pluralidade de seres únicos que compõem o mundo.

Diferentemente da fabricação, que produz um objeto exterior a seu fabricante, o produto da ação é a revelação (*disclosure*) do próprio agente, que nasce como sujeito político em meio a seus iguais. Revelação que só é possível porque produz e é produzida por uma comunidade de atores políticos que instituem um espaço público de ação e visibilidade; que, pela ação em concerto, instituem a *polis* como sede de um mundo comum:

Pois o mundo não é humano simplesmente por ter sido feito por seres humanos e nem se torna humano simplesmente porque a voz humana nele ressoa, mas apenas quando se tornou objeto de discursos. Por mais

11 A. Correia, Apresentação, em *A Condição Humana*, p. xxvi.

20 EDUCAÇÃO: UMA HERANÇA SEM TESTAMENTO

afetados que sejamos pelas coisas do mundo, por mais profundamente que possam nos instigar e estimular, [elas] só se tornam humanas para nós quando podemos discuti-las com nossos companheiros. Tudo o que não se possa converter em objeto de discurso [...] não é exatamente humano. Humanizamos o que ocorre no mundo e em nós mesmos apenas ao falar e no curso da fala aprendemos a ser humanos. Os gregos chamavam essa qualidade humana de *philanthropia*, "amor dos homens", pois se manifesta numa presteza em compartilhar o mundo com outros homens.[12]

O mundo público é, pois, o espaço compartilhado do discurso e da visibilidade, por oposição ao do ocultamento, próprio ao âmbito privado; o espaço mundano da pluralidade de seres singulares, por oposição à multiplicidade vital de indivíduos da mesma espécie. Se a marca da esfera privada é o esforço para responder às necessidades impostas pelo ciclo vital, é no domínio público que os homens podem experimentar a liberdade como um desígnio da "vida política", ou seja, como a capacidade, compartilhada com seus iguais, de renovar o mundo e dar sentido à sua existência histórica singular. Trata-se, pois, de uma relação de oposição e complementaridade entre domínios e atividades que representam diferentes dimensões da existência humana. Sua separação, na experiência grega das *polei* democráticas, significou a criação das condições para o surgimento da política como uma modalidade específica de existência humana. Inaugura-se, assim, uma forma de vida na qual o *diálogo* e a *persuasão* substituem a *dominação* e a *violência* como princípios reguladores da convivência, criando uma esfera de existência que ultrapassa a somatória dos interesses privados e próprios (*idion*) em favor da criação de uma esfera pública e comum (*koinon*) no espaço "entre-os-homens".

Ora, é a experiência existencial de uma dicotomia entre os domínios público e privado, entre as atividades que eles abrigam e separam, entre as dimensões da existência humana que se distinguem e se complementam, que parece gradativamente se obscurecer no mundo moderno. Alguns aspectos dessa indistinção nos são bem familiares e imediatamente identificáveis. A exposição pública de experiências tradicionalmente restritas ao

12 *Homens em Tempos Sombrios*, p. 31.

A FORMAÇÃO ESCOLAR EM UMA SOCIEDADE DE CONSUMIDORES 21

âmbito da vida privada – como a dor, o amor, o nascimento – convive com a opacidade que as decisões tecnocráticas imprimem ao equacionamento de problemas de alta relevância pública e política. Assim, por um lado, a mídia eletrônica e a impressa fazem da vida privada de "celebridades" assunto comum e público, enquanto aquilo que, por se encontrar num espaço comum entre-os-homens, deveria ser tomado como de natureza eminentemente pública passa progressivamente a ser tomado ou como opção individual a ser preservada do confronto inerente à pluralidade do mundo comum, ou como assunto de especialistas. (A relação que nossa sociedade mantém com o juízo estético e a apreciação da arte é paradigmática dessa tendência: ou bem o ajuizamento do belo – ou até do que é uma obra de arte – é visto como algo restrito a uma classe de profissionais ou se trata de uma apreciação pessoal, afinal, "gosto não se discute".)

Há, contudo, uma dimensão menos perceptível dessa diluição de fronteiras entre os domínios público e privado cujas consequências parecem ser bem mais profundas. Trata-se do fato de que a dimensão laboral da existência humana – a atividade do trabalho cujo produto é consumido imediatamente nos esforços pela saciedade dos desejos ou pela manutenção do processo vital – ganha progressivamente espaço e visibilidade no mundo público, engolfando as esferas da fabricação e da ação. Como destaca Correia, na atual configuração do mundo moderno:

> Os ideais de permanência, durabilidade e estabilidade do *homo faber* foram substituídos pelo ideal da abundância, do *animal laborans*: a vida mina a durabilidade do mundo. Assim, vivemos numa sociedade de operários porque somente o trabalho, com sua inerente fertilidade, tem a possibilidade de produzir abundância, mas, ao mesmo tempo, por serem o trabalho e o consumo dois estágios de um só processo, vivemos numa sociedade de consumidores. E, ao contrário de uma sociedade de escravos, onde a condição de sujeição à necessidade era constantemente manifesta e reafirmada, mas também contestada, essa sociedade de consumidores não conhece sua sujeição à necessidade, não podendo, assim, ser livre.[13]

O triunfo da lógica do *animal laborans* implica, pois, que os valores do domínio privado – do cuidado, da manutenção

---

13 O Desafio Moderno, *Hannah Arendt*, p. 239.

e reprodução da própria vida e do gozo e do consumo que os acompanham – passam a ter visibilidade e importância pública. Logo, forma-se uma nova esfera, nem propriamente pública nem privada, na qual o político reduz-se à administração do econômico, com vistas à glorificação da saciedade e do consumo. A nova esfera, que temos identificado com a sociedade de consumidores, Arendt denomina *social*, ou, por vezes, simplesmente *sociedade*, procurando destacar que se trata menos de uma comunidade política ou cultural do que de uma associação gregária cuja função é a maximização da produção, circulação e consumo de bens vitais: " a sociedade é a forma na qual o fato da dependência mútua em prol da subsistência, e *de nada mais*, adquire importância pública, e na qual as atividades que dizem respeito à mera sobrevivência são admitidas em praça pública"[14].

E assim, poderíamos acrescentar, extirpa-se da esfera pública aquilo que lhe era mais característico: ser o palco da ação política. Essa acaba por se identificar, no mundo moderno, com a administração do social ou com a atividade de governo, cujas prioridades estão agora vinculadas à criação de condições de êxito da vida privada e à "liberação" dos homens do "fardo da política". Por outro lado, a própria durabilidade do mundo e sua relativa estabilidade se encontram ameaçadas a partir do momento em que mesmo as obras da fabricação tendem a se transformar em objetos de consumo, imprimindo aos produtos materiais e simbólicos do artifício humano um ritmo frenético de obsolescência e substituição.

É claro que, numa organização social dessa natureza – uma sociedade de consumidores num mercado de obsolescência –, esvai-se a noção de um mundo comum que transcenda a existência individual, seja no passado ou no futuro. O mundo deixa de ser um artifício comum a ser compartilhado entre gerações para ser consumido no presente também. Em sua versão contemporânea, não se trata de uma negação do mundo em favor de uma busca de transcendência espiritual, como no caso do isolamento de um monge ou de um eremita:

A abstenção [...] das coisas terrenas não é, de modo algum, a única conclusão a se tirar da convicção de que o artifício humano, produto

---

14 *A Condição Humana*, p. 57 (grifos nossos).

de mãos mortais, é tão mortal como seus artífices. Isso pode também, pelo contrário, *intensificar o gozo e o consumo das coisas do mundo* e de todas as formas de intercâmbio nas quais o mundo não é concebido como *koinon*, aquilo que é comum a todos [...] A existência de um domínio público e a subsequente transformação do mundo em uma comunidade de coisas que reúne os homens e estabelece uma relação entre eles depende inteiramente da permanência.[15]

Desse modo, numa sociedade de consumidores estruturada na obsolescência de objetos, ideias e relações, o que homens passam a ter em comum não é um mundo de significações, práticas e valores compartilhados, mas a fugacidade de seus interesses particulares. Daí por que, nessa ordem, a noção de bem comum como ideal regulador dos discursos e das práticas políticas é submetida a outro princípio operativo: o da administração competente de interesses particulares ou privados em conflito – o que significa a submissão da ação política ao ciclo vital da produção e do consumo, processo que se torna patente na supremacia do mercado nos mais diversos âmbitos de nossa existência comum.

Algumas das consequências políticas e econômicas dessa transformação têm sido bastante exploradas e criticadas. O que interessa apresentar aqui são as profundas repercussões que a emergência de uma sociedade de consumidores tem tido no que diz respeito às formas pelas quais pensamos, descrevemos e orientamos as práticas educacionais.

A REDUÇÃO DO SIGNIFICADO DA FORMAÇÃO EDUCACIONAL À INSTRUMENTALIDADE ECONÔMICA E SOCIAL

Em seu texto sobre o impacto da crise do mundo moderno na educação, Arendt[16] ressalta o caráter duplo do nascer de cada ser humano, que é sempre e simultaneamente o aparecer de um ser novo na vida e de um novo ser no mundo. Em sua dimensão biofísica, o nascimento vincula-se ao esforço de renovação da

---

15 Ibidem, p. 67.
16 *Entre o Passado e o Futuro.*

espécie, na medida em que reproduz suas formas em um novo indivíduo que vem à vida. Mas, o nascer de um ser humano é também natalidade: o aparecer de um novo ser que vem ao mundo, de um alguém que se revelará como um ser distinto de todos aqueles que o precederam e que o sucederão nesse mundo dos homens. Desse modo, ao fato físico bruto do nascimento de um novo indivíduo da espécie, vem se somar a natalidade como revelação de um alguém; a capacidade especificamente humana de desvelar não só aquilo *que* ele é (traços de identidade que compartilha com inúmeros outros: ser "brasileiro", "negro", "alto", "santista"...), mas *quem* ele é:

No homem, a alteridade, que ele partilha com tudo o que existe, e a distinção, que ele partilha com tudo o que vive, torna-se *unicidade*, e a pluralidade humana é a paradoxal pluralidade de seres únicos [...] É com palavras e atos que nos inserimos no mundo humano, e essa inserção é como um *segundo nascimento* no qual confirmamos e assumimos o fato simples do nosso aparecimento físico original.[17]

Ora, a natalidade – o fato de que ao agir podemos iniciar algo novo e, assim, tornarmo-nos um novo alguém – só é possível por habitarmos um mundo, por sermos nele acolhidos por aqueles que dele já fazem parte. E, embora nunca deixemos de ser em alguma medida "estrangeiros" nesse mundo, ele é nossa herança comum, é um legado que recebemos do passado e transmitiremos ao futuro. Em ambos os casos, sem um testamento que nos oriente definitivamente acerca de seu sentido e de seu porvir. Mas a posse dessa herança – simbólica e material – de que se constitui o mundo exige um processo de iniciação, de familiarização e de progressiva assunção de responsabilidade: a educação.

Assim compreendida, a formação educacional implica *acolher* e *iniciar* os que são novos num mundo, tornando-os aptos a dominar, apreciar e transformar as tradições culturais que formam sua herança simbólica comum e pública. Por se tratar de uma herança cuja significação interpessoal e o caráter simbólico são compartilhados, a única forma de termos acesso a ela e de nos apropriarmos dela é a aprendizagem. Se para nos

17 *A Condição Humana*, p. 220-221 (grifos nossos).

A FORMAÇÃO ESCOLAR EM UMA SOCIEDADE DE CONSUMIDORES   25

integrarmos ao ciclo vital basta um treinamento em capacidades e competências necessárias à sobrevivência e à reprodução, para tomar parte no mundo é preciso uma formação educacional:

Todo homem nasce herdeiro de um legado de realizações humanas; uma herança de sentimentos, emoções, imagens, visões, pensamentos, crenças, ideias, compreensões, empresas intelectuais e práticas, linguagens, relações, organizações, cânones e normas de conduta, procedimentos, rituais, habilidades, obras de arte, livros, composições musicais, ferramentas, artefatos e utensílios, em resumo, do que Dilthey chamou *geistige Welt* [...] É um mundo de fatos, não de "coisas"; de "expressões" que têm significado e exigem compreensão, porque são "expressões" de mentes humanas [...] E é um mundo não porque tenha em si mesmo qualquer significado (não tem nenhum), mas porque é um todo de significações interconectadas que se estabelecem e interpretam-se mutuamente. E esse mundo só pode ser penetrado, possuído e desfrutado por meio de um processo de aprendizagem. Pode-se comprar um quadro, mas não a compreensão que dele se possa ter. E chamo a esse mundo nossa herança comum porque penetrá-lo constitui a única forma de se tornar um ser humano, e viver nele é ser um ser humano.[18]

O acolhimento dos novos num mundo preexistente pressupõe, então, um duplo e paradoxal compromisso por parte do educador. Por um lado, é preciso zelar pela durabilidade desse mundo comum de heranças simbólicas no qual ele os acolhe e inicia. Por outro, cabe-lhe cuidar para que os que são novos no mundo possam vir a se inteirar dessa herança pública, apreciá--la, fruí-la e renová-la. É a iniciação numa herança comum – de saberes, práticas, conhecimentos, costumes, princípios, enfim, de obras às quais um povo atribui grandeza, valor, mérito ou significado público – que constitui o objeto precípuo da ação educativa. Por isso, é só ao fazer da herança *comum* a *própria* herança que cada novo alguém se constitui simultaneamente como um ser pertencente a um mundo comum e um sujeito que, ao nele se hospedar, é capaz de, a partir de seus atos e palavras, imprimir--lhe uma nova configuração. Como bem resume Arendt:

A educação é o ponto em que decidimos se amamos o mundo o bastante para assumirmos a responsabilidade por ele e, com tal gesto, salvá-lo da ruína que seria inevitável não fossem a renovação e a vinda

18   M. Oakeshott, *The Concept of Education*, p. 243.

dos novos e dos jovens. A educação é também onde decidimos se amamos nossas crianças o bastante para não expulsá-las de nosso mundo e abandoná-las aos próprios recursos, e tampouco arrancar de suas mãos a oportunidade de empreender alguma coisa nova e imprevista para nós, preparando-as, em vez disso, com antecedência para a tarefa de renovar um mundo comum.[19]

Assim concebida, a educação é um elo entre o mundo, comum e público, e os novos que a ele chegam pela natalidade. Nesse sentido, o ensino e o aprendizado se justificam não exclusivamente por seu caráter funcional ou por sua aplicação imediata às demandas da vida, mas por sua capacidade de se constituir como uma *experiência simbólica* de relação com o mundo comum. Pensar a educação como uma experiência simbólica significa ultrapassar a dimensão técnica, utilitária e funcional da aprendizagem reduzida ao desenvolvimento de competências para pensá-la em seu potencial formativo.

É claro que toda experiência simbólica de valor formativo decorre de algum tipo de aprendizagem, mas não é qualquer tipo de aprendizagem que se constituirá numa experiência formativa. A noção de aprendizagem indica simplesmente que alguém passa a conhecer algo que não sabia: uma informação, um conceito ou uma capacidade, como a técnica de acentuar as palavras corretamente. Mas não implica que o "algo novo" aprendido o transformou em um novo "alguém". Uma aprendizagem só se constitui em experiência simbólica formativa na medida em que opera transformações na constituição daquele que aprende e em sua relação com o mundo. É como se o conceito de formação indicasse a maneira pelas quais aprendizagens e experiências constituem seres ativos e singulares em interação no e com o mundo, isto é, sujeitos que não apenas estão *no* mundo, mas que são *do* mundo.

Nem tudo o que aprendemos – ou vivemos – deixa em nós traços que nos formam como sujeitos que habitam um mundo comum e dele fazem um palco para sua existência. As notícias dos telejornais, o trânsito de todos os dias, as informações sobre o uso de um novo aparelho, uma técnica para não errar mais a crase: tudo isso pode ser vivido ou aprendido sem deixar traços,

19 *The Life of Mind*, p. 247.

sem, portanto, nos afetar e à nossa relação com o mundo. Uma experiência torna-se formativa por seu caráter *afetivo*: um livro que lemos, um filme a que assistimos ou uma repreensão nos afeta e, assim, transforma e, em nós, abre uma nova forma de relação com o mundo. Trata-se, pois, de um encontro entre um evento mundano, um objeto da cultura e um sujeito que, ao se aproximar de algo que lhe era exterior, caminha no sentido da constituição de um ser singular em meio a um mundo comum[20].

Por terem o caráter de encontro *constitutivo,* os resultados de uma experiência formativa – assim como os da ação política – são sempre imprevisíveis e incontroláveis, ficando, nesse ponto, necessariamente à margem de controles pedagógicos e avaliações sistêmicas. É relativamente simples testar se alguém detém ou não uma informação, se domina uma técnica específica. Embora mais complexo, é perfeitamente possível mensurar o grau em que alguém desenvolveu uma competência a partir do uso de certos instrumentos padronizáveis. Mas seria possível mensurar, por exemplo, em que sentido e com que intensidade a apreciação de uma obra da arte teve um papel formativo para alguém?

Claro que, *a posteriori*, podemos estimar o impacto de uma experiência em nossa formação, mas essa estimativa é muito mais próxima de um julgamento pessoal do que de uma medida padronizável, pois, como destaca Lefort, a noção de formação "acolhe a indeterminação; ela não assinala limites predefinidos" a seus resultados, já que o que se pede daquele que aprende algo não é a mera posse de um lote de informações ou de um con-junto de capacidades técnicas, mas "uma forma de se relacionar com o saber"[21]. E a relação com o saber é necessariamente uma forma de relação – e não de consumo ou de mero uso – com o mundo, com seus objetos culturais e com a teia de relações que os homens tecem entre si.

Ora, é justamente essa sorte de vinculação entre a formação do sujeito e o caráter público do legado cultural de um mundo que tende a ser diluído na "modernização pedagógica" dos dis-cursos contemporâneos. Neles, a educação tem sido concebida como um investimento privado, o que explica, por exemplo, a identificação, corrente em vastos setores da opinião pública,

---

20 Cf. J. Larrosa, *Pedagogia Profana*; G. Agamben, *Infância e História.*
21 *Écrire à l'épreuve du politique*, p. 213.

entre "qualidade da educação" e o acesso às escolas superiores de elite, supostamente responsáveis pelo êxito econômico do indivíduo ou pelo desenvolvimento tecnológico de um país. Vejamos um exemplo influente desse ideário pedagógico que, ao mesmo tempo que exalta a necessidade de educação, retira-lhe o caráter de experiência formativa potencialmente impregnada de significação pública e política.

No final da década de 1990, o economista francês Jacques Delors, relator da Comissão Internacional Sobre Educação para o século XXI da Unesco, publicou a obra *Educação: Um Tesouro a Descobrir*. Traduzida para diversas línguas, suas pretensões são audaciosas: veicular "*a* concepção de uma nova escola para o próximo milênio" e fornecer "pistas e recomendações importantes para o delineamento de uma nova concepção pedagógica para o século XXI"[22]. É pouco provável que qualquer outra obra recente no campo educacional tenha tido uma repercussão comparável[23]. Sua difusão ampla e sua influência marcante em políticas públicas não decorrem, porém, da originalidade de suas teses ou da profundidade de sua perspectiva.

Ao contrário, bastante trivial, seu conteúdo é marcado por expressões vagas que mais se assemelham a *slogans* cuja força persuasiva parece substituir qualquer esforço reflexivo. Tomemos, por exemplo, os famosos "quatro pilares da educação do século XXI": aprender a *conhecer*, aprender a *fazer*, aprender a *viver* e aprender a *ser*. Não obstante a anemia semântica das expressões, elas são apresentadas como diretrizes educacionais consensuais numa infinidade de documentos em dezenas de países, inclusive no Brasil. Logo, sua força parece derivar da mera síntese de uma perspectiva crescentemente adotada quanto ao que deve ser concebido como o valor da educação em nossa sociedade. E é nesse sentido que a obra nos interessa: como a marca de um programa que procura imprimir uma perspectiva econômico-utilitarista à educação.

Nela se afirma, por exemplo, que "as comparações internacionais realçam a importância do *capital humano* e, portanto,

---

22 *Educação: Um Tesouro a Descobrir*, p. xx (grifo nosso).
23 Segundo dados do buscador Google Acadêmico, ela é citada em quase vinte mil artigos!

do investimento educativo para a produtividade"[24]. Assim, o ideal maior da educação não é o da participação e da renovação de um mundo comum e público, mas o da obtenção de competências e habilidades para a produção numa sociedade de consumidores; a experiência escolar deixa de ser concebida a partir de seu potencial formativo para passar a ser organizada a partir de sua suposta funcionalidade social.

É claro que não se pretende que um sistema educacional se desvincule das necessidades da vida ou da capacidade humana de fabricar instrumentos úteis. As responsabilidades das instituições educacionais se espraiam por todas as dimensões da existência humana. Cabe-lhes, em continuidade com as responsabilidades da família, proteger a vida e mesmo responder às necessidades recorrentes de seu processo, e ainda iniciar os novos nos artefatos – materiais e simbólicos – constitutivos do mundo e úteis a seus habitantes. Mas, cabe-lhes, igualmente, a criação de vínculos de pertencimento e de amor ao mundo, o que não significa a aceitação acrítica de sua ordem, mas a responsabilidade política de nele vir a se inserir como agente e não simplesmente de usufruir dele como consumidor.

Essas exigências entram em conflito umas com as outras, e a manutenção de seu frágil equilíbrio é a condição para que a convivência humana não se restrinja aos esforços de manutenção e reprodução da vida, para que a serventia (*usefulness*) das coisas não tome o lugar do significado (*meaningfulness*) das ações humanas:

em um mundo estritamente utilitário, todos os fins são constrangidos a ser de curta duração e a se transformar em meios para alcançar outros fins. Essa perplexidade, intrínseca a todo utilitarismo, [...] pode ser diagnosticada teoricamente como uma incapacidade [...] de compreender a diferença entre utilidade e significância, que expressamos linguisticamente ao distinguir entre "a fim de" (*in order to*) e "em razão de" (*for the sake of*) [...] A perplexidade do utilitarismo é que ele é capturado pela cadeia interminável de meios e fins, sem jamais chegar a algum princípio que possa justificar a categoria de meios e fins, isto é, a categoria da própria utilidade. O "a fim de" torna-se o conteúdo do

24 J. Delors, *Educação*, p. 71 (grifo nosso).

30 EDUCAÇÃO: UMA HERANÇA SEM TESTAMENTO

"em razão de"; em outras palavras, a utilidade instituída como significado gera a ausência de significado[25].

Portanto, a preocupação de pensar a experiência escolar a partir de suas finalidades práticas e de sua suposta relevância econômica tem posto em risco a possibilidade de se atribuir à formação educacional um significado político e existencial. Note-se que essa supremacia do caráter instrumental dos discursos educacionais não implica o desaparecimento de disciplinas e saberes tidos como integrantes de uma concepção humanista de formação, como a literatura, as artes ou a filosofia. Significa, antes, que mesmo esses saberes e disciplinas passam a ter outro papel: o de coadjuvantes na supremacia do instrumentalismo vinculado ao mercado e à sociedade de consumidores. Seus conteúdos perdem o caráter formativo e emancipador que os ideais educacionais humanistas e iluministas lhes atribuíam para se transformar, também eles, em "meios para a constituição de competências e valores e não como objetivos do ensino em si mesmo"[26]. Não se trata de bani-los do currículo, mas de vincular seu sentido ao desenvolvimento de certas características psicológicas e habilidades cognitivas tidas como necessárias pelos reclamos de uma sociedade de consumo: "o que os pensadores e gestores daquele modelo de ensino desconheciam é a necessidade – *hoje tornada explícita a partir do próprio sistema produtivo* – que as sociedades tecnológicas têm de que o indivíduo adquira uma educação geral, inclusive em sua dimensão literária e humanista"[27].

Assim, substitui-se o sentido público e político da formação por seu valor de mercado. O que seria a iniciação numa herança cultural pública – como a filosofia ou a poesia – passa a ser concebido como a transmissão de um capital cultural privado, cujo valor pode ser aferido a partir de seu impacto em outras dimensões da existência, em geral ligadas à produção ou ao consumo de novas mercadorias.

Sucede, então, com a atual experiência escolar, aquilo que Arendt afirmava ser característico da relação da sociedade

25 *A Condição Humana*, p. 192.
26 Conforme se lê nos Parâmetros Curriculares Nacionais (PCN): Ensino Médio, 2002, p. 87.
27 Ibidem, p. 327.

moderna com os objetos culturais, mais especificamente com as obras de arte: elas deixam de ser objetos de culto, dotados de um sentido público, para ser concebidas como objetos portadores de um valor de distinção, e se transformam num:

> meio circulante mediante o qual se compra uma posição mais elevada na sociedade ou se adquire uma "autoestima" mais elevada. Nesse processo, os valores culturais passam a ser tratados como outros valores quaisquer, a ser aquilo que os valores sempre foram, *valores de troca*, e, ao passar de mão em mão, se desgastam como moedas velhas [28].

Ou seja, perdem a faculdade que originariamente lhes era peculiar: formar sujeitos.

---

28 *Entre o Passado e o Futuro*, p. 201 (grifo nosso).

2. Política e Educação em Hannah Arendt
distinções, relações e tensões

> *Independentemente de como as pessoas respondem à questão de se é o homem ou o mundo que está em perigo na crise atual, uma coisa é certa: qualquer resposta que coloque o homem no centro das preocupações atuais e sugira que ele deve mudar para que a situação melhore é profundamente apolítica. Pois no centro da política jaz a preocupação com o mundo, não com o homem – com um mundo, na verdade, constituído dessa ou daquela maneira, sem o qual aqueles que são ao mesmo tempo preocupados e políticos não achariam que a vida é digna de ser vivida. E não podemos mudar o mundo mudando as pessoas que vivem nele [...] porque, onde quer que os seres humanos se juntem – em particular ou socialmente, em público ou politicamente –, gera-se um espaço que simultaneamente os reúne e os separa. Esse espaço tem uma estrutura própria, que muda com o tempo e se revela em contextos privados como costume, em contextos sociais como convenção e em contextos públicos como leis, constituições, estatutos e coisas afins. Onde quer que as pessoas se reúnam, o mundo se introduz entre elas e é nesse espaço intersticial que todos os assuntos humanos são conduzidos.*
>
> HANNAH ARENDT

Recorrer, como no primeiro capítulo, às categorias e ao pensamento de Hannah Arendt a fim de alertar para o crescente esvanecimento do sentido ético e político da experiência escolar pode gerar estranhamento e perplexidade. Afinal, numa de suas mais controversas teses acerca da crise educacional que acomete o mundo moderno, Arendt[1] afirma a necessidade de se estabelecer um divórcio entre o domínio da educação e os domínios da vida pública e política, para aplicar ao primeiro um conceito de autoridade e uma atitude em relação ao passado que lhe são apropriados, mas cuja validade não se estende nem deve ser reivindicada para o mundo dos adultos.

---

1 Cf. *Entre o Passado e o Futuro*, p. 192.

34 EDUCAÇÃO: UMA HERANÇA SEM TESTAMENTO

Essa polêmica passagem de suas reflexões – sugerindo a necessidade de uma cisão entre educação e política – tem sido objeto de inúmeras críticas e contraposições, notadamente entre as "teorias críticas" da educação, para as quais o postulado divórcio nada mais seria do que uma astúcia ideológica de encobrimento do papel político da educação, de seu engajamento na conservação e na reprodução de formas materiais e simbólicas de dominação. Mas, os problemas que ela suscita não se limitam a um confronto entre perspectivas teóricas distintas e irreconciliáveis, como no caso que acabamos de evocar. Mesmo a partir de uma análise interna à sua obra, emergem questões cujo equacionamento não se mostra menos complexo. Como conciliar, por exemplo, a proposta desse divórcio com as afirmações de Arendt que vinculam a educação à renovação do mundo comum e ao cultivo do *amor mundi*, tarefas que pressupõem um incontornável compromisso público e político? Como explicar seu interesse – declaradamente político, e não pedagógico – pela crise na educação? Enfim, como justificar a presença de um ensaio sobre a crise da educação numa obra classificada pela própria autora como uma modalidade de exercícios de pensamento político?

A complexidade dos problemas envolvidos nas relações entre o significado público da formação educacional, a experiência escolar no mundo contemporâneo e os domínios da vida pública e política desaconselha qualquer tentativa de enquadramento do pensamento de Arendt nas categorias dicotômicas típicas dos discursos educacionais, como a oposição entre teorias "críticas" e "liberais" ou entre pedagogias "progressistas" e "tradicionais". O que procuramos mostrar aqui é que, no pensamento de Arendt, o divórcio entre os domínios da educação e da política não deve ser tomado como a afirmação do caráter *apolítico* das instituições e práticas educacionais. Trata-se, antes, de alocar a *relação pedagógica* – que não encerra toda a complexidade do fenômeno educativo – num âmbito intermediário entre esses domínios: numa esfera pré-política que, embora de grande relevância e profundo significado para a ação política, com ela não se confunde, em função da natureza das relações que engendra e da peculiaridade de seus princípios e de suas práticas.

POLÍTICA E EDUCAÇÃO EM HANNAH ARENDT   35

Como no caso da distinção e da relação entre os domínios público e privado, trata-se de um esforço analítico para elucidar as especificidades de diversos âmbitos da experiência humana e de trazer à tona os diferentes princípios que, historicamente, firmaram-se como elementos que impulsionam e animam a atividade educativa e a ação política. O esforço de distinção não visa, pois, isolar cada um desses âmbitos em esferas incomunicáveis, mas apenas evitar sua fusão – e a decorrente "confusão" teórica e prática – num todo indiscernível. Nesse sentido, ressaltar as diferenças entre essas esferas é uma das condições para pensar suas relações, pois, como lembra a própria autora: "a ausência de pensamento [*thoughlessness*] – a despreocupação negligente, a *confusão* desesperada ou a repetição complacente de 'verdades' que se tornaram triviais e vazias – parece [...] ser uma das mais notáveis características do nosso tempo"[2].

É em resposta a essa "confusão desesperada" – que, no panorama educacional brasileiro, traduz-se na aceitação acrítica e na repetição complacente da máxima de que "toda pedagogia é política e toda política é pedagógica"[3] – que a interrogação acerca da natureza desses domínios, de suas marcas distintivas, correlações e tensões pode ser relevante para a compreensão das experiências e dos discursos educacionais contemporâneos.

O CARÁTER POLÍTICO DA CRISE NA EDUCAÇÃO

Ao longo de todo o seu ensaio sobre a crise na educação, Arendt faz uma série de alusões diretas e indiretas ao caráter eminentemente político do tema que examina. Embora haja nele referências recorrentes às instituições escolares e às relações que nelas se travam, o objeto de suas reflexões, muitas vezes, ultrapassa esse âmbito específico – que é a *forma escolar* como modalidade de educação – em favor da análise de um fenômeno mais amplo e geral: a natureza das relações entre adultos e

2   *A Condição Humana*, p. 6 (grifo nosso).
3   Inspirada nas ideias de Paulo Freire, a máxima se transformou no que Israel Scheffler, em *A Linguagem da Educação*, classifica como um *slogan educacional*. É nessa condição – de símbolo de uma perspectiva prática e de elemento aglutinador, e não de um fragmento teórico – que ela é aqui evocada.

36 EDUCAÇÃO: UMA HERANÇA SEM TESTAMENTO

crianças ou, para ser ainda mais preciso, o caráter específico das relações entre aqueles que, já iniciados em um mundo comum, têm a responsabilidade política de nele acolher os que são novos. Trata-se, pois, de um exercício reflexivo sobre "nossa atitude em face da natalidade"[4], de um esforço no sentido de desvelar e compreender as formas pelas quais pensamos nossa relação com o passado e o futuro a partir das exigências de renovação e imortalização de um legado público de realizações históricas.

É o caráter geral do problema da natalidade – do influxo incessante de novos que chegam ao mundo para dele fazer um "lar imortal" para sua breve existência mortal – que confere aos problemas da educação sua relevância pública e política. Daí por que, para Arendt, seu exame não deve ser delegado a especialistas de um campo disciplinar específico – a pedagogia –, mas concerne a todos os que habitam o mundo e que por ele se interessam. Se a crise se resumisse à ineficácia ou à obsolescência de procedimentos didático-pedagógicos, ela não teria se tornado um "problema político de primeira grandeza"[5]. E, por ter se tornado um problema político, seu exame exige *reflexão* e *julgamento*, e não apenas conhecimentos técnicos e científicos. Analogamente, as respostas práticas a partir das quais pretendemos enfrentar seus desafios concretos não decorrem da imediata aplicação de um suposto saber especializado, pois dizem respeito à política prática e, como tal, "estão sujeitas ao acordo de muitos"[6].

Não significa afirmar a impossibilidade de um conhecimento especializado sobre o campo da educação ou sua irrelevância para as decisões práticas. Significa tão somente que, transportados para o campo dos embates políticos, esses conhecimentos perdem sua suposta "autoridade científica" para se tornar mais um dos inúmeros elementos a considerar nos esforços de persuasão em favor de uma deliberação. Decisões como as relativas à amplitude do direito de acesso à educação escolar, à fixação de diretrizes e programas curriculares ou à legitimidade de mecanismos e formas de seleção não repousam preponderantemente sobre argumentos pedagógicos; elas

4   *Entre o Passado e o Futuro*, p. 193.
5   Ibidem, p. 170.
6   *A Condição Humana*, p. 6.

são de natureza ética e política. Concernem não a um grupo de especialistas num campo de saber, mas a toda uma comunidade política, da qual sempre representam uma viva expressão.

A escolha curricular, por exemplo, para além das razões pragmáticas que lhe possam servir de justificativa, sempre significa um esforço de gerações para preservar uma forma de pensamento – e seus conteúdos – da ruína que lhe infligiria a inexorável passagem do tempo. Assim concebida, a educação constitui uma espécie de cuidado com o mundo, uma maneira pela qual os homens afirmam a grandeza de algumas de suas obras, linguagens e formas de compreensão. E, ao assim fazer, atesta a capacidade que estas têm de transcender as vidas, os povos e mesmo as culturas que as forjaram. Nesse sentido, o ensino de uma disciplina ou um campo do saber – como a filosofia, a matemática ou a poesia – sempre representa uma maneira de salvar uma parte ou um aspecto do mundo e seu legado de realizações históricas.

Num mundo mantido coeso pela tradição, "que seleciona e nomeia, que transmite e conserva, que indica onde estão os tesouros e qual seu valor"[7], as escolhas são transmitidas sem que sua legitimidade seja sequer posta em questão. Mas onde quer que se haja "rompido o fio da tradição", somos impelidos a fazer *julgamentos*, apresentar escolhas e confrontá-las com outras possibilidades. A ruptura da tradição e o desparecimento de um "sentido comum" e compartilhado (*common sense*) nos obrigam a escolhas que exigem discernimento e deliberação política, pois dizem respeito não simplesmente a necessidades sociais ou preferências individuais, mas à preservação de um mundo comum e público, ou seja, concernem à dimensão política de nossa existência.

O menosprezo desse princípio em favor de um suposto saber que se coloca acima da pluralidade de julgamentos e opiniões – recorrente na padronização globalizada de programas e objetivos educacionais a partir de diretrizes de organismos técnicos internacionais – significa a vitória da tecnocracia sobre a política e a desvalorização do domínio público:

---

7   *Entre o Passado e o Futuro*, p. 5.

38 EDUCAÇÃO: UMA HERANÇA SEM TESTAMENTO

como o lugar em que os homens deveriam deliberar sobre o futuro, atuando politicamente no sentido mais profundo e originário do termo, isto é, compartilhando a palavra, e fazendo da palavra política a expressão da responsabilidade inerente à ação [...]. Não é por outra razão que a tecnoburocracia, que ocupou o vazio da deliberação política, despreza a palavra, trivializa e degrada a interação política que a palavra deveria proporcionar, no propósito, desgraçadamente bem-sucedido [no mundo contemporâneo], de afirmar o caráter supérfluo do sujeito histórico como agente de transformação[8].

O reconhecimento do caráter eminentemente político – e não pedagógico ou técnico-burocrático – das decisões e diretrizes de um sistema nacional de ensino aparece de forma clara nos comentários de Arendt acerca da influência que o ideal de *igualdade de oportunidades* – político em sua essência – exerce nos rumos da educação pública dos Estados Unidos. Em sua visão, a afirmação da educação como um dos "inalienáveis direitos civis" dos norte-americanos deriva diretamente da crença nesse princípio, profundamente enraizado no "temperamento político do país" desde a fundação de sua república. Foi a adesão generalizada ao princípio da igualdade de oportunidades que levou essa sociedade a reconhecer a educação como um direito comum e público – praticamente o único dos chamados "direitos sociais" a ser reconhecido como tal nos Estados Unidos. Esse reconhecimento, por sua vez, resultou num amplo esforço político de universalização do acesso a um ensino secundário de tronco único, independente de qualquer tipo de seletividade supostamente meritocrática (uma política educacional que, cabe ressaltar, é anterior e bem mais abrangente do que quase todas as iniciativas europeias e latino-americanas na mesma direção).

O esforço político no sentido de criar mecanismos de equalização das oportunidades e minimização das diferenças se reflete também – e muito diretamente – nas concepções e práticas das escolas norte-americanas. Elas procuram, progressivamente e na medida do possível, "apagar as diferenças entre os jovens e os velhos, entre os mais e os menos dotados, finalmente, entre crianças e adultos e, particularmente, entre professores e alunos"[9]. E, embora seja óbvio que uma das consequências dessa atitude seja o declínio da autoridade do professor, não é

8 F.L. Silva, O Mundo Vazio, *Maurício Tragtenberg*, p. 249.
9 *Entre o Passado e o Futuro*, p. 177.

POLÍTICA E EDUCAÇÃO EM HANNAH ARENDT   39

menos óbvio, para Arendt, que ela encerra também "grandes vantagens, não só do ponto de vista humano, mas também do educacional"[10]. Isso não implica, ressalte-se, que a criação de um sistema educacional voltado para a escolarização de uma *sociedade de massas* tenha sido capaz de superar as desigualdades sociais daquele país. Apenas torna patente uma forma possível de realização prática, no campo da educação, de um princípio político.

Mas, as consequências das ações políticas são sempre imprevisíveis e incertas. Assim, a forma pela qual o princípio político da igualdade foi transposto e atualizado – estendendo-se para o campo das relações entre adultos e crianças, entre os que são velhos no mundo e aqueles que, pelo nascimento, nele acabam de chegar – resultou no agravamento da indistinção entre aquilo que é próprio de uma relação *política* e o que é próprio de uma relação *pedagógica*. Em outras palavras, um dos resultados da transposição dos ideais políticos modernos de liberdade e de igualdade para o campo pedagógico é a crescente indistinção entre a natureza das relações que os cidadãos travam entre si, no espaço comum e público, e a daquelas que presidem as relações entre professores e alunos num contorno institucional distinto e específico: a escola, que, para Arendt:

não é [...] o mundo e não deve fingir sê-lo; é, antes, a instituição que interpomos entre o domínio privado do lar e o mundo, a fim de fazer com que a transição da família para o mundo seja possível. É o Estado, ou seja, o mundo público, e não a família, que impõe a obrigatoriedade da escolarização, daí que, em relação à criança, a escola *representa* em certo sentido o mundo, embora, de fato, não o seja [11].

Mas, é preciso ressaltar, a indistinção entre mundo e escola – entre *agir* em meio a iguais e *educar* aqueles que são recém-chegados ao mundo – não surge exclusivamente como resultado de práticas escolares e ideais pedagógicos do autogoverno (*self-government*), que se difundem a partir do início do século xx. Ela é, antes e sobretudo, fruto da atitude moderna em relação ao passado. Esse deixa de ser concebido, a exemplo do

10 Ibidem.
11 Ibidem, p. 185 (grifo nosso).

40 EDUCAÇÃO: UMA HERANÇA SEM TESTAMENTO

que era entre romanos e cristãos, como um tempo cujo legado e as lições têm o poder de iluminar o presente. Na visão moderna e iluminista, é o futuro – e não mais o passado – o tempo forte da humanidade[12]. E sua plena realização – ou fabricação – exige uma *nova educação*, comprometida com um modelo de sociedade previamente vislumbrado, seja pelas utopias modernas, seja pelo sentido teleológico que se atribui ao desenvolvimento da "história humana". A adesão maciça dos discursos políticos e pedagógicos ao ideal rousseauniano de transformar a educação em um instrumento da política e fazer da *atividade* política uma *forma* de educação é, para Arendt[13], a mais clara expressão do triunfo da forma moderna de se conceber os vínculos entre história, educação e política.

O CARÁTER PRÉ-POLÍTICO DA RELAÇÃO PEDAGÓGICA

Mesmo que se ponha em questão a leitura que faz Arendt das relações entre política e educação em Rousseau, sua apropriação pelos discursos pedagógicos do século xx confere grande pertinência às considerações da autora acerca dos problemas da indistinção entre esses dois domínios. Até porque, mais do que o teor preciso das concepções de Rousseau, foi a repercussão pública de sua obra, decorrente de sua ampla difusão, que se tornou um acontecimento politicamente relevante. Tome-se como exemplo a formulação que esses ideais – de caráter fundamentalmente programático – receberam na obra de Paulo Freire. Em *A Importância do Ato de Ler*, retomando algumas das ideias que desenvolveu ao longo das décadas de 1960 e 1970, ele afirma:

12 A expressão é de Franklin Leopoldo e Silva, em *Maurício Tragtenberg: Uma Vida Para as Ciências Humanas*, ao comentar o regime de temporalidade que caracteriza o período: "O Iluminismo nos ensinou que o futuro é o tempo forte da humanidade, aquele no qual estão projetadas as expectativas decorrentes da constatação de que a humanidade progride e que, quaisquer que sejam os obstáculos e até mesmo os retrocessos aparentes, o progresso terminará por triunfar e por caracterizar essencialmente o percurso histórico do ser humano" (p. 239).

13 Cf. *Entre o Passado e o Futuro*, p. 173.

POLÍTICA E EDUCAÇÃO EM HANNAH ARENDT   41

[o] mito da neutralidade da educação, que leva à negação da natureza política do processo educativo e a tomá-lo como um quefazer [sic] puro, em que nos engajamos a serviço da humanidade entendida como uma abstração, é o ponto de partida para compreendermos as diferenças fundamentais entre uma prática ingênua [...] e outra crítica. Do ponto de vista crítico, é *tão impossível negar o caráter político do processo educativo quanto negar o caráter educativo do ato político* [14].

Não se trata de uma posição isolada, mas, antes, de uma convicção bastante generalizada no campo da educação. Algumas décadas depois de suas primeiras formulações, essa visão acerca das relações entre os domínios da política e da educação tornou-se hegemônica também entre professores e gestores de sistemas educacionais. A adesão à ideia da indissociabilidade entre a atividade educacional e a ação política ganhou tal força que o mero fato de colocá-la em questão causa perplexidade ou repulsa. Daí o estranhamento – ou a rejeição imediata e muitas vezes irrefletida – da afirmação de Arendt de que "a educação não pode desempenhar papel nenhum na política, pois na política lidamos com aqueles que já estão educados" [15].

Há, na controvérsia entre Arendt e as teorias críticas da educação, duas espécies de divergência que se interpenetram, mas não são idênticas. Uma diz respeito ao sentido e à abrangência do termo "política", e a outra, ao próprio cerne da distinção: os princípios que regem a ação política e a atividade educativa. No que tange ao conceito de política, vale destacar que, enquanto Arendt o utiliza numa acepção bastante restrita, que o distingue do caráter gerencial da noção de "governo" e o opõe às relações de dominação fundadas na violência, nos escritos das teorias críticas, seu uso é bem mais amplo, abrangendo qualquer relação de poder ou de dominação. Os problemas decorrentes da amplitude emprestada ao substantivo "política" (ou ao adjetivo correspondente) foram bem percebidos por Bernard Charlot, justamente numa obra dedicada à desmistificação da neutralidade política da escola:

é tentador pensar que a análise terminou quando se junta a palavra "política" a uma realidade pedagógica. Ora, dizer da educação, ou da escola, ou dos programas, ou do controle pedagógico etc. que são políticos não

14 *A Importância do Ato de Ler*, p. 23 (grifo nosso).
15 *Entre o Passado e o Futuro*, p. 173.

42 EDUCAÇÃO: UMA HERANÇA SEM TESTAMENTO

é ainda dizer grande coisa. *Tudo é política*, pois a política constitui certa forma de totalização do conjunto das experiências vividas numa sociedade determinada. Eleições, uma greve, a aposta em corrida de cavalos, a seca, um jogo de futebol, uma bofetada etc., todos esses acontecimentos têm uma significação política. Mas eles não são políticos da mesma maneira. Alguns são políticos por definição: as eleições, por exemplo. Outros são políticos enquanto são consequências da organização econômica, social e política; [...] Outros acontecimentos são políticos porque têm consequências políticas [...] Finalmente, o sentido político de certos fatos é somente muito indireto: a bofetada é um ato repressivo, e pode-se considerar que prepara a criança para a obediência social e política, mas sua significação política não é imediata nem direta [...] Não basta, portanto, afirmar que a educação é política. O verdadeiro problema é saber em que ela é política[16].

Se em Charlot "a política constitui uma forma de totalização do conjunto das experiências vividas numa sociedade", em Arendt ela representa a invenção de uma forma específica de existência em comum que não se confunde com nenhuma experiência associativa ou gregária da espécie humana. A política não é uma *necessidade da vida*, mas um *acontecimento histórico*. Ela se realiza a partir do momento em que a igualdade é enunciada como princípio regulador das relações que os homens travam entre si e com a cidade (*polis*) ou a república e se materializa na existência de um espaço público capaz de abrigar e dar luz à pluralidade de seres singulares que a integram. A existência desse espaço comum e povoado de iguais é precondição para que os homens experimentem a liberdade em sua dimensão tangível e pública, isto é, não como uma escolha privada da vontade de um indivíduo, mas como a capacidade propriamente política de romper automatismos do passado e iniciar algo de novo, cuja instituição e durabilidade sempre exigem a ação em concerto.

Como *forma de existência,* a política inaugura, para Arendt, uma ruptura das práticas de dominação fundadas na desigualdade e representa a rejeição da violência em favor do predomínio da palavra, da persuasão e da ação em concerto como fonte do poder. Ela é, nesse sentido estrito, a busca incessante e nunca definitivamente realizada por dar uma resposta

16 *A Mistificação Pedagógica*, p. 13.

digna à pluralidade como condição humana, porque são os homens – e não o Homem – que vivem na Terra e habitam o mundo[17]. Seu lugar apropriado é, por excelência, o mundo público, esse espaço entre-os-homens que, ao mesmo tempo que os une, impede que colidam uns com os outros. E, nesse ponto, as distinções conceituais implicam diferenças teóricas e programáticas irreconciliáveis, pois, embora o princípio da igualdade possa se efetivar no plano das relações pedagógicas, ele jamais o fará, na visão de Arendt, a partir dos mesmos meios ou com o mesmo sentido em que se efetiva no domínio público e na esfera política.

Na esfera pré-política das relações entre professores e alunos, pode-se admitir, por exemplo, o postulado da igualdade das inteligências – como o faz Jacques Rancière[18] –, mas não o da *igual responsabilidade* política pelo mundo. No quadro de uma relação pedagógica mediada pela instituição escolar, cabe ao professor assumir a responsabilidade pelo processo de iniciação de seus alunos na herança pública de práticas, linguagens e saberes que uma comunidade política – ou uma sociedade – escolheu preservar por meio da transmissão escolar. Apossar-se dela significa, a um só tempo, criar laços de pertencimento a um mundo comum e desenvolver qualidades e talentos pessoais por meio dos quais cada novo ser que vem ao mundo pode revelar sua singular *unicidade*. E é em função dessa unicidade que cada criança que vem ao mundo "não é somente um estranho [nesse] mundo, mas um novo alguém que nunca aí esteve antes"[19].

A responsabilidade política daqueles que educam é, pois, dupla: com uma herança comum e pública de saberes, instituições e relações e com os jovens que nela se iniciam; com o passado em que se enraíza o mundo e com o futuro que lhe empresta durabilidade. Por isso, para Arendt, do ponto de vista daqueles que são novos no mundo, os educadores e a instituição escolar *representam* o mundo e por ele devem assumir a responsabilidade:

17 Cf. *A Condição Humana*, p. 8.
18 Cf. *Le Maître ignorant*.
19 *Entre o Passado e o Futuro*, p. 185.

44 EDUCAÇÃO: UMA HERANÇA SEM TESTAMENTO

embora não o tenha[m] feito e ainda que secreta ou abertamente possa[m] querer que ele fosse diferente do que é. Essa responsabilidade não é imposta arbitrariamente aos educadores; ela está implícita no fato de que os jovens são introduzidos em um mundo em contínua mudança. Qualquer pessoa que se recuse a assumir a responsabilidade coletiva pelo mundo não deveria ter crianças e é preciso proibi-la de tomar parte em sua educação[20].

Inerente ao ofício do professor – e, claro, não extensiva aos alunos –, essa responsabilidade é a fonte mais legítima da *autoridade* do educador frente aos educandos; é o que lhe confere um lugar institucional diferente daquele reservado a seus alunos. Ora, enquanto a marca do caráter político de uma relação é seu compromisso com a igualdade entre os que nela estão envolvidos, a de uma relação pedagógica é o mútuo reconhecimento da *assimetria de lugares* como fator constitutivo de sua natureza e, no limite, como sua razão de ser. Uma assimetria cujo destino é o progressivo e inexorável desaparecimento, mas cuja manutenção temporária é a própria condição de proteção daqueles que são recém-chegados à vida e ao mundo.

Proteção do crescimento vital que exige interdições e cuidados, que requer um processo gradativo de desocultamento de aspectos do mundo que julgamos nocivos à qualidade vital dos que ainda se encontram em processo de formação. Mas também proteção do livre – e lento – processo de desenvolvimento pessoal, cuja "conclusão" é pré-requisito para a plena participação na vida política e pública. É evidente que esse processo varia de indivíduo para indivíduo e de sociedade para sociedade, mas é igualmente evidente que todas as sociedades desenvolvem marcos e ritos a partir dos quais aqueles que eram os novos – e só potencialmente companheiros num mundo comum – passam a ser plenamente admitidos na comunidade dos adultos e, igualmente, responsáveis pelo destino do mundo. A admissão implica, pois, a plena responsabilização pessoal por seus atos e palavras e a responsabilização política pelos rumos do mundo no qual sua existência se desenrola (daí as especificidades dos códigos civis e penais em relação às crianças e aos adolescentes

20 Ibidem, p. 186.

ou as exigências de idade mínima para o pleno exercício de direitos e deveres da cidadania).

O fim dessa etapa formativa de iniciação ao mundo – a que, em sentido estrito, Arendt denomina *educação* – não implica que cesse o processo ou a capacidade de aprendizagem, nem que o indivíduo se encerre numa identidade definitiva (lembremos que, em Arendt, o agente se revela na e pela ação). Ela só implica a plena admissão numa comunidade política: o momento em que se deixa de ser um recém-chegado ao mundo para se constituir em alguém que não só *está* no mundo, mas que é do mundo. Ora, é essa proteção que se põe em risco quando se transportam mecânica e acriticamente para o âmbito das relações escolares os princípios da vida política, como se as crianças pudessem constituir um mundo próprio e à parte do mundo comum e sua formação não fosse uma iniciação nesse mundo, mas o mero desenvolvimento de potencialidades cognitivas e psicológicas de um indivíduo.

Assim, a pretensa politização das relações pedagógicas tem um efeito duplo e paradoxal. De um lado, cria um simulacro de vida pública que tende a destruir as condições necessárias ao crescimento vital e às possibilidades de desenvolvimento pessoal que antecedem a plena participação no domínio público e político. De outro, ao conceber seu processo não como uma forma de familiarização dos novos com um mundo comum, mas como um instrumento cuja finalidade é o estabelecimento futuro de uma *nova ordem política*, ela procura imprimir ao âmbito dos negócios humanos a lógica que preside a fabricação de objetos, destituindo o presente de suas tensões e o futuro de sua imprevisibilidade. Seu eventual êxito – o triunfo de uma ordem social idealmente concebida para ordenar as relações entre os homens – não representaria a ampliação e valorização do domínio da política, mas a decretação de sua *superfluidade* e o abandono da esperança de poder, a cada nova criança que nasce, reafirmar que os homens, embora tenham que morrer, não nascem para morrer, mas para começar algo de novo e, assim, salvar o mundo de sua obsolescência, ruína e destruição[21].

---

21 Cf. *A Condição Humana*, p. 307.

46 EDUCAÇÃO: UMA HERANÇA SEM TESTAMENTO

É precisamente nesse sentido – e só nele – que se deve entender o caráter conservador que Arendt atribui à atividade educativa: não como uma forma de preservação de uma estrutura de dominação vigente[22], mas como um exercício de zelo e cuidado com o mundo e com aqueles que nele se iniciam. É do apreço pelo mundo e pela natalidade que emana a *esperança* como uma das categorias fundamentais do pensamento político de Arendt. Porque cada criança que nasce não é só mais um exemplar novo da espécie, mas também um novo alguém; a possibilidade do início de algo novo e imprevisível que se renova a cada nascimento. E é em benefício dessa esperança, ontologicamente radicada na natalidade, que a educação não deve se confundir com a fabricação de uma "nova sociedade" a partir de modelos concebidos por uma geração para aqueles que a sucederão neste mundo:

Nossa esperança está sempre ancorada no novo que cada geração aporta; mas, precisamente por basearmos nossa esperança somente nisso é que tudo destruímos se nós, os mais velhos, tentamos controlar os novos de tal modo que possamos ditar como deve ser seu futuro. Exatamente em nome daquilo que é novo e revolucionário em cada criança é que a educação precisa ser conservadora; ela deve preservar essa novidade e introduzi-la como algo novo em um mundo velho que, por mais revolucionárias que possam ser suas ações, é sempre, da perspectiva da geração seguinte, obsoleto e rente à destruição.[23]

Há, pois, um sentido político[24] para a recusa arendtiana da instrumentalização da relação pedagógica. Sob a égide de um discurso identificado com a emancipação, tenta-se muitas vezes "arrancar das mãos dos recém-chegados a própria oportunidade face ao novo"[25], ao mesmo tempo que se procrastina para um amanhã utópico o enfrentamento dos desafios políticos

---

22 Convém lembrar que Arendt, em *Entre o Passado e o Futuro*, afirma que "a atitude conservadora, em política – aceitando o mundo como ele é, procurando somente preservar o *status quo* –, não pode senão levar à destruição, visto que o mundo, tanto no todo como em parte, é irrevogavelmente fadado à ruína pelo tempo, a menos que existam seres humanos determinados a intervir, a alterar, a criar aquilo que é novo" (p. 189).

23 Ibidem.

24 A ideia de um sentido político para a distinção proposta por Arendt está em Érica Benvenutti, *Educação e Política em Hannah Arendt*.

25 *Entre o Passado e o Futuro*, p. 174.

do presente. Na verdade, ao se atribuir à educação o lugar por excelência da construção da sociedade do futuro, a política corre o risco de se transformar na mera governamentabilidade do presente com vistas à fabricação de um futuro preconcebido. Logo, a transformação da educação num instrumento da política também acaba por revelar a falta de vigor da própria política no mundo contemporâneo.

A *DIMENSÃO POLÍTICA* DA EXPERIÊNCIA ESCOLAR: UMA LACUNA NAS REFLEXÕES DE ARENDT

Mesmo que se reconheçam a pertinência e a profundidade das ideias de Arendt sobre a natureza pré-política da relação pedagógica, há um aspecto crucial do problema das relações entre a atividade educativa e o domínio da vida pública e política que permanece intocado em suas reflexões. Trata-se do fato de que, embora central, a relação pedagógica não encerra a totalidade da *experiência escolar*, mas é apenas um de seus muitos componentes. Enquanto a primeira se restringe a uma modalidade de interação entre professores e alunos, a segunda abrange uma complexa teia de relações que se estabelecem entre os diversos agentes e as várias práticas que integram uma instituição escolar. A experiência escolar diz respeito, pois, às formas pelas quais os alunos se relacionam entre si e com a cultura da instituição (saberes, conhecimentos, linguagens, hierarquias e toda sorte de práticas não discursivas) e abrange ainda as relações dos profissionais da educação entre si e com suas áreas de saber e práticas pedagógicas. Assim, ela abarca uma infinidade de complexas relações e experiências formativas que se processam a partir dos vínculos entre as escolas, suas práticas, os alunos, as famílias e os profissionais da educação. As lembranças e memórias do período escolar – reificadas em romances, canções, poemas e narrativas – são testemunhos eloquentes da variedade de situações e vivências significativas que podem vir a se constituir na experiência escolar de um indivíduo ou de uma geração.

Dentre as experiências que se processam a partir das relações entre alunos e instituições escolares, algumas podem vir

48 EDUCAÇÃO: UMA HERANÇA SEM TESTAMENTO

a ter uma profunda significação política, apesar de transcorrer num espaço institucional que difere do mundo público e político em sentido estrito. Tomemos como exemplo – relevante por seu caráter predominantemente político e não pedagógico – a participação discente em um conselho de escola. Em princípio, confere-se ao aluno que dele participa um estatuto de igualdade política: seu direito à opinião, à voz e ao voto o coloca, no contexto específico, num lugar de simetria com os demais representantes de outros segmentos da instituição. É evidente que essa simetria se desfaz quando ele volta a ocupar o lugar de aluno e não mais o de membro do conselho, mas – se vivida e elaborada – a experiência da igualdade permanece.

O mesmo poderia ser apontado em outras relações que se estabelecem em grêmios e associações – formais ou informais – que se vinculam às escolas. Mas, a dimensão política da experiência escolar não se esgota nas atividades de cunho extracurricular. Há também um conjunto de práticas pedagógicas – *stricto sensu* – potencialmente portadoras de significação política no processo formativo dos alunos. Retomemos o exemplo das escolhas curriculares para pensar sua potencial dimensão política. Ora, em primeiro lugar, é preciso reconhecer que elas se fazem sempre a partir de um conjunto de pressupostos culturais que atuam num duplo sentido:

[a] seleção operada no interior da cultura, para e pelo ensino, corresponde a princípios e a escolhas culturais fundamentais, ligadas, aliás, às escolhas sociais que governam a organização prática do sistema educativo. Assim, a cultura não é somente o repertório, o material simbólico no interior do qual se efetua a escolha das coisas ensinadas, ela é também o princípio dinâmico, o impulso, o esquema gerador das escolhas do ensino. É exatamente essa, parece, a ambivalência da noção de "seleção cultural escolar", que significa, ao mesmo tempo, *seleção na cultura e seleção em função da cultura*[26].

Portanto, as opções curriculares de uma comunidade cultural representam uma seleção de seus saberes, formas de conhecimento e linguagens, mas também uma expressão dos critérios que regem essas escolhas. Ora, enquanto o produto da seleção é um objeto tangível e público, os critérios podem permanecer na

26   J-C. Fourquin, *Escola e Cultura*, p. 38 (grifo nosso).

POLÍTICA E EDUCAÇÃO EM HANNAH ARENDT 49

condição de pressupostos não enunciados[27]. Em ambos os casos, contudo, as escolhas se fazem a partir da aceitação e da adoção de uma multiplicidade de valores e pressupostos, alguns externos à escola (como demandas sociais, interesses econômicos, princípios políticos) e outros diretamente vinculados à cultura escolar (como tradições disciplinares, práticas pedagógicas etc.). Nesse sentido, é evidente que não há uma escolha curricular – seja em termos amplos, como no caso de uma política pública, seja em termos mais restritos, como na seleção de um livro didático ou de uma abordagem disciplinar – que não implique uma maior ou menor dimensão política[28].

Tomemos, a título de exemplo, uma mudança recente e significativa nas diretrizes curriculares nacionais: a inclusão da história e da cultura afro-brasileira no currículo escolar[29]. Seja qual for a apreciação que se faça dessa iniciativa ou da forma pela qual tem sido operacionalizada, é inegável que se trata de uma ruptura com o legado eurocêntrico que dominava as orientações curriculares até então vigentes na escola brasileira. Como medida legal, ela é o resultado de uma luta política – travada no espaço público – cujos objetivos são o reconhecimento

27 A noção de *pressuposto* é usada aqui no sentido estrito de uma crença subjacente, muitas vezes não explicitada, como a noção de *causalidade* num discurso científico. Um cientista jamais precisa enunciá-la, pois se trata de uma assunção básica e logicamente anterior à produção de seu discurso.

28 A ideia de que há um caráter político e ideológico sempre presente nas escolhas curriculares e nos materiais didáticos tem sido, na verdade, banalizada. A mera denúncia de um suposto poder de reprodução das relações de dominação social parece, muitas vezes, dispensar a pesquisa empírica e a reflexão sistemática sobre o tema. Em *A Ideologia Contida nos Livros Didáticos*, por exemplo, Rose M. Leite afirma que, "para a manutenção dos sistemas políticos dominantes, o livro didático, ferramenta de trabalho de muitas escolas hoje, é patrocinado pelo próprio poder público. Apresenta-se como o meio que ajuda a manter essa hegemonia do poder, conduzindo, ainda que muito sutilmente, para que não existam mudanças. Torna-se um meio de controle". Disponível em (< http://celsul.org.br/Encontros/07/dir2/14.pdf >). Como entre tantos outros casos, trata-se de uma análise abstrata, num duplo sentido. Em primeiro lugar, porque concebe "o" livro didático como uma entidade homogênea e, sobretudo, porque supõe poder avaliar seus efeitos sem nem sequer se preocupar em investigar sua aplicação concreta a situações escolares. Como ressalta José Mário P. Azanha, em *Educação: Temas Polêmicos*, abstraído de seu contexto de uso e das práticas que o caracterizam, o livro didático transforma-se num *falso objeto*.

29 Trata-se da Lei n. 10.639, de 2003, posteriormente alterada pela Lei n. 11.645, de 2008.

50 EDUCAÇÃO: UMA HERANÇA SEM TESTAMENTO

e a valorização, no currículo da escola básica, da história e das culturas dos povos africanos e afro-brasileiros. Nesse propósito, não se deve considerá-la uma reforma pedagógica; ela é, antes, o fruto de uma ação política que visa mudanças educacionais. Mas, essa política curricular tem consequências pedagógicas: ela exige de gestores, professores e demais profissionais da educação a responsabilidade por sua efetivação no plano das práticas escolares. Essa efetivação, por sua vez, requer a seleção de conteúdos, linguagens e abordagens e uma série de decisões de cunho prático, todas sujeitas à influência de fatores como as tradições disciplinares e escolares, o grau de familiaridade com o tema e, evidentemente, os princípios éticos e políticos com os quais os agentes – consciente ou inconscientemente – se identificam.

Assim, a escolha e a veiculação de uma perspectiva, por exemplo, a partir da qual se apresentam e se narram as histórias dos povos africanos têm relação direta com a visão de mundo e a perspectiva política de um professor. Mas – é preciso ressaltar – não é a única, e sequer sabemos se é a principal, razão de uma escolha. Outras variáveis como a disponibilidade de material, as tendências predominantes nos âmbitos acadêmicos, editoriais e didáticos e a própria cultura da instituição em que um professor se insere podem ser elementos mais ou menos influentes nesse tipo de decisão prática.

De qualquer modo, do ponto de vista da formação escolar, o significado da difusão da história e da cultura afro-brasileira não se limita à aprendizagem de informações e conhecimentos a seu respeito, embora necessariamente a inclua. Tampouco se limita ao desenvolvimento das capacidades de reconhecer e de apreciar essas expressões culturais, em que pese sua inegável importância. O que com ela se almeja – sem que da relação se possa ter qualquer garantia – é que o conhecimento e a difusão da cultura afro-brasileira concorram para a progressiva eliminação dos preconceitos e das desigualdades étnico-raciais.

Sua presença na escola tem, pois, uma almejada *dimensão* política, embora não deva ser tomada como uma modalidade de *ação* política em sentido estrito. Ao ensinar história dos povos africanos, ao apresentar elementos da cultura afro-brasileira a seus alunos, um professor tem um objetivo formativo que não se confunde com a persuasão política. Embora esse objetivo faça apelo à razão e à sensibilidade de seus alunos e almeje sua adesão a certos princípios políticos, não se trata de um processo análogo às relações políticas no domínio público. Essas últimas ocorrem – ao menos em princípio – entre cidadãos que compartilham igual liberdade em suas escolhas e igual responsabilidade por seus atos e palavras. No espaço público, a manifestação de racismo é um crime e assim deve ser tratada; na escola, a emergência de atitudes discriminatórias deve se converter em oportunidade de formação de uma consciência comprometida com a igual dignidade dos homens.

É evidente que, numa relação política, pode também haver aprendizagens significativas, mas nela não se pode falar numa *formação* por meio do ensino, pois esse sempre pressupõe algum grau de assimetria dos lugares institucionais e de seus agentes. Numa relação escolar, por exemplo, as decisões curriculares e pedagógicas são de responsabilidade do docente e não do aluno. E, mesmo no caso em que o educador delas decida abdicar, sempre será *sua* a decisão, pois não são as crianças – e sim os adultos – que podem fixar a autonomia como um ideal formativo e escolher os meios de sua consecução.

Logo, a presença da cultura afro-brasileira no currículo escolar é uma decisão política que se transforma num desafio pedagógico com potencial *significação* política: como criar oportunidades de contato, conhecimento, reflexão e mesmo identificação com um universo cultural até então negligenciado pela escola? Em que medida a interação com obras – literárias, musicais, cinematográficas... – ligadas ao tema da cultura afro-brasileira pode vir a se constituir em *experiência simbólica*? Em que medida as potenciais experiências simbólicas podem vir a ter uma significação política, ou seja, em que medida elas podem favorecer a criação de vínculos de pertencimento, responsabilidade e crítica entre os jovens e o mundo público no qual a escola deve buscar inseri-los?

As respostas a tais questões – sejam elas quais forem – sempre representarão a busca de uma forma de diálogo pedagógico com a cultura; daí seu potencial caráter formativo. Por outro lado, o caráter formativo de uma experiência simbólica é sempre da ordem do imprevisível e do incontrolável: quem poderá saber qual o impacto formativo da leitura de *Navio Negreiro*, de Castro Alves, ou de *Quarto de Pensão*, de Aluísio de Azevedo, ou ainda da análise de um *rap* dos Racionais MC's?ora é o caráter indeterminável – constitutivo da própria noção de formação – que garante que as escolhas docentes não venham a se confundir com a conformação social ou com a fabricação de uma futura ordem política. Nesse sentido, fazer da escolarização uma experiência simbólica com potencial significação política é uma aposta, não um controle; implica uma forma de relação com um legado de valores e saberes do passado, não a determinação de uma configuração para o futuro.

Embora paradigmático, o exemplo evocado não é um caso isolado. Na verdade, o que dele se disse é aplicável – em maior ou menor grau – a qualquer tema ou disciplina do currículo da escola básica. A decisão, hoje naturalizada, de se ensinar literatura, a criação da ideia de "literatura nacional", o estabelecimento de obras paradigmáticas – ou "cânones" – da literatura são sempre escolhas *na* e *pela* cultura, sempre impregnadas de pressupostos e valores e, como tal, guardam a possibilidade de vir a se tornar experiências simbólicas com uma potencial dimensão política.

O sentido formativo da leitura de obras literárias, como as de Machado de Assis ou Guimarães Rosa, não se reduz a eventuais tarefas escolares de natureza estritamente cognitiva como a identificação e a compreensão de traços estilísticos. Sua presença no currículo se justifica, sobretudo, por seu potencial de se tornarem experiências simbólicas para quem as lê, ou seja, por sua capacidade de afetar um sujeito, de transformar sua visão de mundo, de influenciar a forma pela qual ele se relaciona consigo mesmo e com aqueles com quem compartilha um mundo. Mas, a responsabilidade política de um professor se materializa pela mediação da literatura, de modo que a legitimidade da dimensão política da atividade docente não se desvincula de sua responsabilidade pelos saberes que ensina e pelos princípios e valores que animam a instituição em que trabalha: a escola. Por isso, a atividade docente não se confunde com a ação política, embora não deva perdê-la de vista como uma dimensão existencial da experiência de seus alunos com a escola e com o mundo.

3. Autoridade e Educação

o desafio em face do ocaso da tradição

> *Uma vez que não mais podemos recorrer a experiências autênticas e incontestes, comuns a todos, o próprio termo [autoridade] tornou-se enevoado por controvérsia e confusão. Pouca coisa acerca de sua natureza parece autoevidente ou mesmo compreensível a todos, exceto o fato de que [...] a maior parte das pessoas concordam que o desenvolvimento do mundo moderno em nosso século foi acompanhado por uma crise constante de autoridade, sempre crescente e cada vez mais profunda [...] O sintoma mais significativo dessa crise a indicar sua profundeza e seriedade é ter ela se espalhado em áreas pré-políticas, tais como a criação dos filhos e a educação, onde a autoridade no sentido mais lato sempre fora aceita como uma necessidade natural, obviamente exigida tanto por imperativos naturais, o desamparo da criança, como por necessidade política, a continuidade de uma civilização estabelecida, que somente pode ser garantida se os que são recém-chegados por nascimento forem guiados através de um mundo preestabelecido no qual nasceram como estrangeiros.*
>
> HANNAH ARENDT

O tema do ocaso e da ruptura da tradição perpassa toda a obra de Arendt: é central para suas teses acerca do advento da sociedade de massas e do totalitarismo e encontra-se na base de suas reflexões acerca da filosofia moral. É também o fio condutor de suas análises sobre as crises da autoridade e da educação no mundo moderno, pois é com a perda da tradição que entra em declínio uma forma específica de autoridade: aquela na qual o passado é concebido como um modelo capaz de atribuir um significado incontesté à prática educativa e imprimir durabilidade e coesão a uma comunidade cultural. É, pois, a partir de seu esvanecimento que Arendt enuncia o que lhe parece ser o grande impasse da educação contemporânea:

O problema da educação no mundo moderno reside no fato de ela não poder abrir mão, pela peculiariedade de sua natureza, nem da autoridade

54 EDUCAÇÃO: UMA HERANÇA SEM TESTAMENTO

nem da tradição, mas mesmo assim ser obrigada a caminhar em um mundo que não é estruturado pela autoridade nem mantido coeso pela tradição.[1]

Em sua perspectiva, educar implica sempre e necessariamente agir sobre um sujeito que se constrói em continuidade – ou ao menos em relação, ainda que de oposição ou confronto – com um mundo de heranças simbólicas cuja duração o transcende, tanto no passado como no futuro. Implica ainda que esse processo transcorre sempre num contexto de assimetria entre educador e educando, derivada inicialmente do simples fato de que o mundo no qual esse será iniciado precede-o no tempo e transcende o escopo de sua existência individual. Mas, trata-se – vale lembrar – de uma assimetria temporária, cuja legitimidade se funda no reconhecimento de que o objetivo último do trabalho cotidiano do educador é a abolição, num futuro predeterminado, da distância hierárquica que o separa daquele a quem ele educa. Assim, embora destinada a um progressivo desaparecimento ao longo da formação do sujeito, a relação de autoridade entre educador e educando jamais pode ser um elemento acessório ou um recurso eventual, enquanto perdura esse processo. Não se pode, pois, escolher entre uma prática educativa *com* e *sem* autoridade; a autoridade é consubstancial à educação.

Daí o desafio insolúvel – ou a aporia – com o qual se depara o educador hoje. Seu trabalho exige respeito pelo passado e compromisso com o futuro, num mundo que glorifica sem cessar o consumo e o gozo da vida presente. Ele se estrutura a partir do reconhecimento da legitimidade de uma assimetria na relação entre educador e educando, numa era que erigiu o princípio da igualdade como ideal programático das relações políticas e interpessoais[2]. "Todas as pessoas nascem livres e iguais em dignidade e direitos", proclama o Artigo 1º da Declaração Universal

---

1 *Entre o Passado e o Futuro*, p. 191.
2 A afirmação de que a igualdade de direitos e a liberdade individual seriam as "grandes criações axiológicas e normativas oriundas da razão moderna" (Alain Renaut, em *La Fin de l'autorité*, p. 30) não implica, evidentemente, a crença de que a democracia moderna as tenha realizado plena ou satisfatoriamente; simplesmente explicita a adesão a um princípio pelo qual uma comunidade ou sociedade organiza a imagem de si e seus critérios de justiça e legitimidade, por exemplo.

AUTORIDADE E EDUCAÇÃO

dos Direitos Humanos. Seria a postulada igualdade universal de direitos compatível com a autoridade do adulto sobre a criança, do professor sobre o aluno? Ou, ao contrário, a aceitação da universalização de direitos implicaria um compromisso com a busca de superação de mais essa dissimetria, como no caso das desigualdades em relações de gênero ou em preconceitos étnico-raciais?

Ora, em que medida a preservação de um suposto espaço de assimetria legítima também não entraria em contradição com o movimento de emancipação crítica que marca o pensamento iluminista[3] e todos os discursos pedagógicos que dele são tributários? A identificação imediata da autoridade com a aceitação de uma hierarquia – seja qual for sua fonte legitimadora – não implicaria ainda um desafio à lógica da democracia moderna, segundo a qual nenhum poder poderia se legitimar sem a busca da adesão daqueles sobre os quais se exerce? A noção moderna de um poder que se autoinstitui contratualmente, sem a necessidade de nenhum tipo de transcendência, é compatível com a preservação de um espaço no qual a dissimetria entre educadores e educandos é um pressuposto anterior à própria relação? Sua eventual preservação não significaria a tentativa de deter um processo de democratização das relações sociais que, embora nunca logrado em sua plenitude, tem impulsionado transformações sociais significativas?

Por outro lado, a recusa sumária da autoridade do educador e da legitimidade de um saber que se inscreve como herdeiro de certa tradição cultural não representaria a inviabilização da atividade educativa? A própria continuidade dos ideais modernos de emancipação crítica não dependeria – assim como sua renovação – da sujeição de jovens e crianças a um processo educacional que não escolheram e cuja aceitação do valor precede qualquer possível crítica a seu respeito? Ao recusar a autoridade como elemento inerente ao processo educacional não estaríamos, ingênua ou astutamente, propondo a substituição do ideal

---

3   Como salienta H.-G. Gadamer, em *Verdade e Método*, a oposição do iluminismo a qualquer sorte de autoridade é uma marca de sua filosofia que considera "a autoridade como absoluto contrário da razão e da liberdade" (p. 263).

56 EDUCAÇÃO: UMA HERANÇA SEM TESTAMENTO

político de democratização da sociedade *pela* escola pelo ideal pedagógico de realizar uma democracia *na* escola?[4]

A complexidade e o entrelaçamento das questões e perplexidades evocadas sugerem a pertinência – não obstante o desgaste da expressão – de se falar numa *crise da autoridade*, com a condição de afastarmos de plano sua vinculação imediata, mas equívoca, com as noções de degeneração ou decadência. Uma crise, nos lembra Arendt[5], "dilacera fachadas e oblitera preconceitos" e, ao fazê-lo, simplesmente torna patente o fato de que "perdemos as respostas em que costumávamos nos apoiar sem nem sequer perceber que elas constituíam, originariamente, respostas a questões". A experiência da crise emerge, pois, da consciência do ocaso e da ruptura de uma tradição. Ela é fruto da constatação de que a herança que recebemos do passado – em forma de respostas teóricas ou práticas – já não tem autoridade sobre o presente. Em suas formas radicais, uma crise pode implicar algo ainda mais profundo: o esvanecimento dos próprios critérios por meio dos quais dada comunidade ou sociedade escolhe, valida e *autoriza* uma resposta. Mas a obsolescência de respostas e critérios herdados do passado não implica necessariamente a descartabilidade dos problemas que lhes deram origem. E por isso, mais do que a decadência do *instituído*, a experiência da crise pode representar um convite à inovação *instituinte*. Assim concebida, uma crise pode ensejar a busca de novas respostas e o estabelecimento de critérios alternativos de validação intersubjetiva, pois:

as crises são precisamente esses momentos nos quais os homens se deparam com problemas que já não são mais capazes de solucionar, são momentos nos quais eles reassumem [*reinvestissent*] – e reinventam – as posições e os lugares que foram deixados vazios pelas respostas que já não funcionam. É porque o poder explicativo das velhas respostas se esgotou que algo de novo pode se iniciar [...] Se nos propomos, pois, a repensar a "autoridade", é por considerar que a "crise" de todas as formas de autoridade com as quais somos hoje confrontados nos obriga a retomar "as posições e lugares deixados vazios", onde os esquemas tradicionais já não mais funcionam[6].

4 M. Gauchet, *Pour une philosophie politique de l'éducation*, p. 40 (tradução nossa).
5 *Entre o Passado e o Futuro*, p. 171.
6 M. Revault D'Allones, *Le Pouvoir des commencements*, p. 89 (tradução nossa).

E é na educação, mais do que em qualquer outro âmbito da nossa existência comum, que somos impelidos a nos confrontar com um *vazio* em relação às formas tradicionais de autoridade, a despeito do fato de que a crise não tenha inicialmente eclodido em seu domínio – mas no das relações políticas e da produção e circulação de conhecimentos. Contudo, sua intrusão nessa esfera específica – a da transmissibilidade intergeracional de experiências simbólicas que dão sentido de pertencimento a um mundo comum – atesta a profundidade das transformações em curso:

A perda geral de autoridade, de fato, não poderia encontrar expressão mais radical do que sua intrusão na esfera pré-política, na qual a autoridade parecia ser ditada pela própria natureza e independer de todas as mudanças históricas e condições políticas. O homem moderno, por outro lado, não poderia encontrar nenhuma expressão mais clara para sua insatisfação com o mundo, para seu desgosto com o estado de coisas, do que sua recusa em assumir, em face das crianças, a responsabilidade por tudo isso. É como se os pais dissessem todos os dias: – Nós mesmos não estamos muito seguros e à vontade neste mundo; como nos movimentarmos nele, o que saber, quais habilidades dominar, tudo isso também são mistérios para nós. Procurem tentar entender isso como puderem; de qualquer modo, vocês não têm o direito de exigir de nós satisfações. Somos inocentes, lavamos as nossas mãos.[7]

É, pois, no plano das relações educativas que a recusa da assunção de um *lugar de autoridade* toma sua forma mais aguda, pois pode resultar no descaso pela transmissão de um legado de experiências simbólicas capazes de conferir durabilidade e sentido ao mundo que compartilhamos com os mais jovens que a ele chegam, mas também com aqueles que nos precederam e com os que nos sucederão na tarefa de sua renovação. Por isso, furtar-se a essa responsabilidade é, simultaneamente,

---

7 Cf. *Entre o Passado e o Futuro*, p. 188. O sentimento de culpa em função da desresponsabilização política de uma geração em relação a seus sucessores aparece de forma pungente numa canção de Ivan Lins e Victor Martins, sugestivamente intitulada "Aos Nossos Filhos": "Perdoem a cara amarrada/ Perdoem a falta de abraço/ Perdoem a falta de espaço/ Os dias eram assim./ Perdoem por tantos perigos/ Perdoem a falta de abrigo/ Perdoem a falta de amigos/ Os dias eram assim./ Perdoem a falta de folhas/ Perdoem a falta de ar/ Perdoem a falta de escolha/ Os dias eram assim."

58 EDUCAÇÃO: UMA HERANÇA SEM TESTAMENTO

abdicar do compromisso com a durabilidade do mundo comum e abandonar as novas gerações que nele aportam à própria sorte, sem o amparo de uma tradição nem a familiaridade com um legado cultural que lhe confira inteligibilidade e sentido. Mas é também no domínio da educação – mais do que em qualquer outro – que a noção de autoridade tem sido, pelo menos desde as primeiras décadas do século xx, objeto de disputas, denúncias e defesas apaixonadas e da produção de uma série de investigações empíricas e proposições normativas e legais.

ENTRE RESTAURAÇÃO E ABOLIÇÃO: CONFUSÕES E PARADOXOS DOS DISCURSOS EDUCACIONAIS SOBRE A AUTORIDADE

Mesmo uma rápida análise da diversidade de discursos acerca das relações entre educação e autoridade já pode revelar o caráter essencialmente polêmico das alegações e perspectivas que se colocam em constante conflito e, por vezes, em franca contradição. Ora evocam a falta de autoridade como causa de uma crescente deslegitimação da cultura escolar (que teria perdido a centralidade na formação das novas gerações), ora afirmam a força de sua presença nos processos de intensificação do governo de si e na normalização das condutas sociais. Ora a força da autoridade institucional é descrita como responsável pela "violência simbólica" por meio da qual a escola inculcaria um "arbitrário cultural" que legitimaria a reprodução das desigualdades, ora é à sua fragilidade que atribuem a maior parte dos problemas ligados à indisciplina, à incivilidade ou à violência por parte dos alunos. Em síntese, ou bem a relação educacional fundada na autoridade é descrita como um dispositivo coercitivo – herdado das hierarquias pré-modernas ou engendrado em função de novas exigências de conformação social –, ou bem se evoca a necessidade de sua "restauração" como remédio para os impasses de um processo educacional que perdeu a confiança em sua eficácia e a certeza de seu sentido.

Não obstante as claras divergências ideológicas que perpassam esses discursos, a multiplicidade de seus propósitos – descritivos, programáticos ou normativos – e a diversidade

AUTORIDADE E EDUCAÇÃO

de perspectivas teóricas em que se apoiam, há, entre eles, ao menos um ponto comum: a tendência a fundir num todo indistinto as noções de "autoridade", "força", "violência" e "poder". Porque visam produzir a obediência como um resultado e costumam aparecer interligados ou amalgamados em diferentes manifestações empíricas, esses fenômenos – de naturezas distintas – têm sido reiteradamente tratados como análogos ou equivalentes. A indistinção está presente tanto nos discursos ligados à denúncia e à rejeição da autoridade (equivocadamente equiparada à tirania, ao despotismo e a toda sorte de relações de dominação fundadas na coerção e na violência) como naqueles cuja pretensão seria a de sua restauração (por meios igualmente coercitivos).

Tomemos como exemplo dessa indistinção, em sua versão reacionária e restaurativa, o projeto de lei n. 267/2011, que tramita, no Congresso Nacional, por iniciativa de uma deputada paranaense. Visando coibir a indisciplina e a violência em sala de aula, ele propõe a inclusão de um artigo (53A) ao Estatuto da Criança e do Adolescente segundo o qual ficaria estabelecido que o "respeito à *autoridade* intelectual e moral [dos] docentes deve ser reconhecido legalmente como um dever da criança ou do adolescente". O descumprimento da medida legal, prevê seu parágrafo único, "sujeitará a criança ou o adolescente à suspensão por prazo determinado pela instituição de ensino e, na hipótese de reincidência grave, ao seu encaminhamento à autoridade judiciária competente"[8]. Assim, a autoridade é concebida não como fruto da confiança depositada no outro – naquele cuja posição assimétrica é tida por legítima porque reconhecida pelos que, de alguma forma, a ela se submetem –, mas como produto de uma ameaça de coerção. Ora, como nos lembra Arendt, a presença da autoridade no quadro de uma relação – seja ela política ou educacional – "exclui de imediato

---

8   Grifo nosso. Apresentado pela deputada Cida Borghetti (PP-PR), em fevereiro de 2011, o projeto de lei foi aprovado por unanimidade na Comissão de Segurança Social e Família e recebeu o apoio entusiasmado de uma parcela significativa de professores do ensino básico (Brasil, Projeto de Lei nº 267, de 8 de fevereiro de 2011). Seu teor e andamento estão disponíveis em: < http://www.camara.gov.br/proposicoesWeb/fichadetramitacao?idProposicao=491406 >. O projeto foi arquivado com o fim da legislatura.

60   EDUCAÇÃO: UMA HERANÇA SEM TESTAMENTO

o uso de meios externos de coerção, [pois] quando se recorre à força é porque a autoridade, em si, falhou"[9].

É muito pouco provável, embora em tese possível, que a juridicização das relações escolares resulte em obediência às normas por temor de uma sanção anunciada. Mas ainda que o venha a fazer, ela jamais se estabelecerá como produto de uma *relação de autoridade*. Ao contrário da força – que pode ser posse de um indivíduo isolado ou permanecer em potência guardada em seu corpo ou num arsenal de armas –, a autoridade só emerge como fruto de uma relação: ela se dá nesse espaço entre-os-homens e é sempre mediada por instituições. E ela só se institui pelo reconhecimento de sua legitimidade, pois:

Se a autoridade existe, é em função da convocação ou da invocação dessa dimensão, ao mesmo tempo evanescente e onipresente, ligada ao papel capital do assentimento na vida social, que é o reconhecimento do legítimo no interior, *para além de* ou mesmo *contra o legal*.[10]

Sem essa dimensão do assentimento, que confere legitimidade à assimetria de lugares institucionais, a força da lei pode ensejar um mecanismo de *dominação* visando à produção da obediência, mas jamais será capaz de instituir uma relação de autoridade. Não se pode, pois – ao contrário do que diz a expressão corrente – impor a autoridade; é ela que se interpõe numa relação em que aquele que obedece o faz livremente. Tal como quando seguimos os conselhos de um médico – ou ouvimos as ponderações de um sacerdote – em virtude de seus conhecimentos, de sua sabedoria, enfim, de algo cuja compreensão pode mesmo nos escapar, mas a quem conferimos um lugar de autoridade porque acreditamo-lo capaz de um diagnóstico correto, de um ajuizamento justo, de um conselho apropriado. Portanto, a autoridade manifesta o estabelecimento de uma relação de confiança, fundada na credibilidade e na crença: "sem essa dupla referência à credibilidade do lado de quem comanda e à crença do lado de quem obedece, seríamos incapazes de distinguir a autoridade da violência ou mesmo da persuasão"[11].

9   *Entre o Passado e o Futuro*, p. 92.
10   M. Gauchet, *La Démocracie contre ele-même*, p. 150 (tradução nossa).
11   P. Ricoeur, *Le Juste 2*, p. 109 (tradução nossa).

AUTORIDADE E EDUCAÇÃO

O objeto da credibilidade é sempre um alguém – no caráter singular de sua personalidade – a quem confiamos a capacidade de nos guiar naquilo cuja compreensão nos escapa, de nos orientar naquilo que (ainda?) não dominamos, de nos aconselhar em face de dilemas para os quais não vislumbramos saída. Mas – e esse é mais um paradoxo da noção de autoridade – esse alguém a quem se confere autoridade sempre age *em nome de algo* que o transcende: a fundação de uma comunidade política ou religiosa, a herança de um saber, a crença em um desígnio futuro, o enraizamento histórico de uma instituição; em síntese, age em nome de crenças, princípios e práticas que se inscrevem num tempo e num espaço comuns a uma coletividade. Por isso, espera-se daquele a quem se credita autoridade o respeito exemplar às regras e aos princípios em nomes dos quais ele age e fala. A autoridade é, pois, simultaneamente representativa e pessoal; fundamenta-se em algum tipo de transcendência, mas sempre necessita da presença imanente daquele que a encarna. Ela fala em nome de uma comunidade, mas sempre pela voz singular de um indivíduo.

Daí seu caráter fundamental no processo de formação educacional. O mundo a que chegam os novos – as crianças e os jovens a quem se educa – não é imediatamente inteligível. Ele é opaco, estruturado a partir de práticas e valores que não são enunciados (e muitas vezes nem sequer são enunciáveis), dotado de linguagens cujas gramáticas nem sempre estão codificadas ou acessíveis. Em meio a um complexo conjunto de heranças materiais e simbólicas já estabelecidas, aqueles que são novos precisam ser acolhidos por alguém em que depositem confiança, a quem creditem a tarefa de guiá-los por entre demandas às quais ainda não se sentem capazes de responder por si sós, por entre problemas cuja solução exige discernimento e não a aplicação mecânica de regras. Creditar autoridade a alguém significa, pois, reconhecê-lo capaz de esclarecer o obscuro, fazer escolhas e apontar rumos quando – ou enquanto – não somos capazes de fazê-lo exclusivamente a partir da própria capacidade de julgar.

Assim, reconhecer alguém como autoridade implica tê-lo como um exemplo ou referência por acreditar que ele saiba mais, possa mais ou tenha mais experiência no trato com este mundo, com suas linguagens e práticas. Não se trata de uma submissão cega a outrem, mas de uma filiação que não nos obriga, embora nos submeta a uma influência em princípio desigual. Uma submissão que, paradoxalmente, finca as bases a partir das quais alguém poderá vir a se constituir como um sujeito *autônomo*. Isso porque quem quer que pense, julgue e analise por si mesmo, não o faz *ex-nihilo*. Ao contrário, sempre o faz a partir de referências, parâmetros ou modelos de excelência; enfim, de autoridades internalizadas que operam como recursos reflexivos ideais a orientar escolhas, julgamentos e decisões.

Talvez seja a não aceitação desse paradoxo – a submissão prévia à autoridade como condição da possibilidade de constituição de um sujeito autônomo – que tem levado os discursos educacionais vinculados às pedagogias da autonomia (ou às chamadas pedagogias não diretivas) a um interminável combate programático em favor da abolição de qualquer referência a um lugar de autoridade na relação entre professores e alunos. Combate que inclui até mesmo a tentativa de abolição desses termos, identificados como signos de uma ordem tradicional e hierárquica. Nos discursos, fala-se em "crianças" e "jovens", mas não em "alunos"; em "facilitadores da aprendizagem" ou "parceiros mais experientes", mas não em "professores". Fala-se em "aprendizagem" ou "construção de conhecimento", mas não em "ensino" ou "transmissão de um legado experiências simbólicas". O efeito da ênfase discursiva na ação e no pensamento do sujeito que aprende tem sido o declínio da função mediadora do ensino e da transmissão como elemento de ligação social e temporal.

Segundo essa modalidade de discurso pedagógico – e as psicologias do desenvolvimento em que se fundamentam –, tudo se passa como se bastasse o contato imediato da criança com as práticas sociais e suas linguagens para que essas venham a se revelar na complexidade de seus usos, de seus sentidos e de seus mecanismos de validação intersubjetiva. Daí o caráter supostamente desnecessário – obsoleto mesmo – da referência a alguém a quem *confiar* a responsabilidade por sua iniciação na herança simbólica de que se constitui o mundo humano. Daí também a crença na incompatibilidade entre ensino, autoridade e autonomia do sujeito.

AUTORIDADE E EDUCAÇÃO

É a adesão a essa perspectiva que leva Jean Houssaye a afirmar que, "longe de ser indispensável, a autoridade é o signo do fracasso da educação escolar [...] [pois] não há problema de autoridade na escola. É a autoridade em si que cria os problemas"[12]. Na visão do autor, como na maior parte dos discursos pedagógicos contemporâneos[13], o exercício da autoridade é identificado com práticas marcadas pela "violência" e pela "coerção" e, ainda, o exemplo de uma "recusa ao diálogo"[14] – portanto, incompatível com uma formação voltada para a autonomia e a liberdade dos educandos. Uma escola liberada da autoridade deveria se dedicar a construir "relações simétricas" e desenvolver "processos de socialização" e novas formas de "relação com o saber"[15]. Logo, ela dispensaria a mediação do professor e da instituição como fontes legítimas de orientação e justificação de escolhas, regras ou princípios. Em síntese, a emergência e a centralidade da noção de aprendizagem como *construção pessoal* do saber pretende tornar obsoleta a noção de transmissão por meio do ensino.

Ora, por mais que reconheçamos a pertinência das críticas às formas coercitivas e violentas de socialização escolar e à inadequação de práticas pedagógicas que venham a ferir a dignidade dos alunos, o fato é que o desprezo pelo papel de um mediador autorizado que se interponha entre o saber e o sujeito que aprende – seja o professor ou a própria instituição – tende a ignorar que a educação implica um vínculo com a *temporalidade* do mundo humano; que ela não se desenvolve a partir de um vazio histórico, mas de uma experiência de intercâmbio entre gerações que ocupam lugares distintos no mundo[16].

O intercâmbio intergeracional pode tomar várias formas: da impregnação cultural por meio da convivência cotidiana entre gerações à sistematicidade do ensino escolar. Mas, ele sempre supõe a presença pessoal de um *mediador autorizado*, capaz de familiarizar os que são novos no mundo com as sutilezas,

---

12 *Autorité ou éducation*, p. 181 (tradução nossa).
13 Na conclusão de sua obra, J. Houssaye chega a afirmar que "a pedagogia pode mesmo ser lida como essa imensa tentativa constantemente renovada de excluir a autoridade do ato educativo" (Ibidem).
14 Ibidem, p. 15-23.
15 Ibidem, p. 181.
16 Cf. F. Bárcena, Una Pedagogía del Mundo, *Anthropos*, p. 113-138.

EDUCAÇÃO: UMA HERANÇA SEM TESTAMENTO

a opacidade e as ambiguidades inerentes ao caráter simbólico do universo humano. O reconhecimento do vínculo de pertencimento a um universo cultural anterior – que se impõe aos recém-chegados como um mundo comum que os transcende e no qual devem ser iniciados – não impede o florescimento de um sujeito autônomo; é, antes, sua precondição. Como ressalta Gauchet, "o sujeito destinado à posse de si mesmo – o sujeito autônomo almejado pelos discursos pedagógicos modernos – deve ser instituído. Ele precisa passar por outro para aceder a si mesmo"[17]. Esse sujeito não se encontra, pois, como uma potencialidade psicológica que antecede o processo formativo; é, antes, a expressão de um ideal político a orientar os objetivos da formação educacional. Por isso, "postulá-lo na origem é, na verdade, uma forma de impedir seu surgimento"[18].

Ao rejeitar a autoridade escolar como traço constitutivo da experiência formativa, as pedagogias da autonomia não a eliminam do contexto social, mas apenas favorecem a emergência e a consolidação de simulacros de autoridade em novos espaços e personagens sociais, como os ídolos midiáticos ou os profetas da autoajuda. É uma renúncia de consequências políticas particularmente graves, uma vez que incidem sobre a representação que uma instituição pública – de presença capilar nas sociedades modernas – tem acerca de si mesma e sobre a legitimidade de sua tarefa cotidiana e de seus compromissos sociais.

É verdade que, sob a égide do poder estatal e dos ditames do mercado, o significado público da formação educacional tem muitas vezes cedido passo à mera conformação social a partir de práticas impregnadas de coerção e violência. É igualmente verdadeiro que muitas vezes se lança mão do termo "autoridade" para justificar o que não passa de uma tentativa dissimulada de dominação e produção de uma obediência cega e sem sentido. Como alerta Gauchet, ao comentar esses descaminhos, "conhecemos bem as patologias da autoridade"[19]; é preciso rejeitar inequivocamente suas manifestações no domínio das instituições escolares, "mas temos muito que aprender acerca das patologias de uma pretensa liberdade que, ao dissolver as mediações necessárias, na

17 *Pour une philosophie politique de l'éducation*, p. 33 (tradução nossa).
18 Ibidem, p. 41.
19 Ibidem, p. 45 (tradução nossa).

AUTORIDADE E EDUCAÇÃO

verdade, deixa os indivíduos à mercê de uma autoridade invisível num mundo que se lhes escapa e os manipula".

Assim, não obstante a validade das denúncias acerca de suas patologias, ou das formas coercitivas que pretendem substituí-la, a mera e imediata rejeição de qualquer relação de autoridade – bem como as tentativas de sua restauração a partir de modelos que se dissiparam em nossa experiência histórica – acaba por nos impedir de enfrentar a tarefa de *pensar um lugar* para a autoridade a partir da especificidade de nossa condição histórica. Em sua pressa para restaurar um passado ou em sua urgência de rejeitá-lo, a maior parte dos discursos educacionais contemporâneos parece ignorar o fato de que, em meio a uma crise:

não tem muito sentido agirmos como [...] se apenas houvéssemos nos extraviado de um caminho certo e estivéssemos livres para, a qualquer momento, retomar o velho rumo [...] Não se pode, onde quer que a crise haja ocorrido no mundo moderno, seguir em frente, tampouco simplesmente voltar para trás. Tal retrocesso nunca nos levará a parte alguma, exceto à mesma situação da qual a crise acabou de surgir [...] Por outro lado, a mera e irrefletida perseverança, seja pressionando para frente a crise, seja aderindo à rotina que ingenuamente acredita que ela não afetará sua esfera particular de vida, só pode conduzir à ruína, visto que se rende ao curso do tempo; para ser mais precisa, ela só pode aumentar o estranhamento do mundo pelo qual já somos ameaçados de todos os flancos. Ao considerar os princípios da educação, temos que levar em conta esse processo de estranhamento do mundo; pode-se mesmo admitir que, presumivelmente, nos defrontemos aqui com um processo automático, desde que não esqueçamos que está ao alcance do poder do pensamento e da ação humana interromper e deter tais processos[20].

Nesse sentido, refletir sobre a crise da autoridade – em seu vínculo essencial com a temporalidade – à luz dos problemas do presente é uma forma de recusar, ao mesmo tempo, tanto a restauração como o banimento sumário do lugar de autoridade nas relações educativas. Adotar tal perspectiva implica considerar a especificidade histórica da experiência política romana que marcou o surgimento do conceito de autoridade. Implica ainda reconhecer as profundas transformações que têm afetado

---

20 *Entre o Passado e o Futuro*, p. 191.

as formas pelas quais pensamos e descrevemos as experiências com o tempo e a autoridade a partir da era moderna; mas não se resume ao reconhecimento da historicidade do conceito nem à variedade de experiências com ele identificadas, a despeito da inegável importância de ambos os aspectos. Vincular a noção de autoridade à temporalidade implica, sobretudo, considerar que a durabilidade e a renovação de um mundo comum dependem da natureza das relações intergeracionais que nele se estabelecem. É, pois, do intercâmbio entre as gerações que já se encontram no mundo e as que nele acabam de aportar que emerge uma ligação temporal capaz de dar algum grau de durabilidade ao mundo comum, pois, se o mundo "deve conter um espaço público, não pode ser construído apenas para uma geração e planejado somente para os que estão vivos, mas tem que transcender a duração da vida de homens mortais"[21].

O caráter transcendente e durável do mundo público não se confunde com uma representação de tempo que o concebe como um desenvolvimento contínuo e homogêneo, a exemplo da concepção moderna de *progresso histórico*. Ao contrário, em Arendt, a preocupação com a durabilidade do mundo público admite rupturas e assume a fragilidade como marca do mundo humano. Por ser produto do engenho humano e de sua capacidade de fabricação e instituição, o mundo comum está sempre e "irrevogavelmente fadado à ruína pelo tempo, a menos que existam seres humanos determinados a intervir, a alterar, a criar aquilo que é novo"[22]. Durabilidade e ruptura não se excluem; antes se complementam. Só num mundo dotado de durabilidade pública – um mundo que acolhe em seu seio os novos, que os transforma em herdeiros autorizados de seu passado e agentes responsáveis por seu futuro – é possível *instituir o novo*.

Sem permanência nem durabilidade, não há início nem fim; só o fluxo contínuo de um ciclo vital que se perpetua pela reprodução de indivíduos e pela continuidade das espécies. Portanto, a autoridade – condição da possibilidade da transmissão intergeracional – vincula-se às formas pelas quais uma cultura dialoga com seus antepassados e com seus sucessores. É, pois, o caráter transcendente do mundo público – e a consequente

21 *A Condição Humana*, p. 67.
22 *Entre o Passado e o Futuro*, p. 189.

assunção da responsabilidade pela durabilidade de uma herança comum de realizações simbólicas – que *autoriza* o lugar do educador na relação pedagógica. Um lugar sempre sujeito ao frágil equilíbrio entre o legado do passado e a abertura ao futuro, um lugar sempre instável em face da variedade de experiências históricas que fazem da autoridade um elo entre os educandos e um mundo de heranças e de promessas.

AUTORIDADE E TEMPORALIDADE: DA SACRALIDADE DA FUNDAÇÃO AOS DESAFIOS DO PRESENTISMO

A autoridade como fator decisivo numa ordem política – e elemento norteador de sua prática educativa – não é um fenômeno universal. A palavra e o conceito de *auctoritas* são romanos e têm sua origem no verbo *augere* (aumentar, fazer crescer; desenvolver, intensificar) e no substantivo *auctor* (autor, aquele que cria, que dá origem ou funda; o que aprova, sanciona; o que defende, protege). No plano jurídico privado da Roma republicana, por exemplo, é a *auctoritas* que assegura – e, assim, aumenta e intensifica – a validade de um ato. Ao avalizá-lo, ela não institui seu valor jurídico (que já existia!), mas lhe atesta maior credibilidade. Já no âmbito político, é a *auctoritas* do Senado que avaliza a legitimidade de uma lei ou iniciativa, que atesta sua conformidade com a tradição, sua afinidade com os princípios da fundação de Roma.

A palavra autorizadora do Senado não se confunde com o poder (*potestas*) do povo ou dos magistrados, mas tem um valor performático: ao ser proferida, torna-se capaz de imprimir uma legitimidade que se pretende acima das disputas e dos interesses do presente. Sua eficácia simbólica advém do fato de que ela se enraíza nas lições transmitidas pelo passado, na grandeza do exemplo dos ancestrais e na transmissão do legado vinculatório. Em outras palavras, sua eficácia derivava da *traditio* – a tradição romana em todas as suas complexas acepções. Assim, embora não tenha nem poder executivo nem caráter mandatório, a *auctoritas* do Senado tem reconhecimento. Sua palavra se legitima como uma fonte de sabedoria cristalizada

68   EDUCAÇÃO: UMA HERANÇA SEM TESTAMENTO

no tempo, pois tem a função de ligar o presente à sacralidade ancestral da fundação:

> No âmago da política romana, desde o início da República até virtualmente o fim da era imperial, encontra-se a convicção do caráter sagrado da fundação, no sentido de que, uma vez que tenha sido fundada, uma coisa permanece vinculatória [*binding*] para todas as gerações futuras. Tomar parte na política significava, antes de mais nada, preservar a fundação da cidade de Roma.[23]

Essa vinculação do ato político à fundação não significa que as instituições conservavam uma identidade imutável – de resto, impossível –, mas que as transformações eram acompanhadas de um movimento de apropriação do passado, de transformação do presente à luz da tradição, ou seja, da autoridade do passado como critério para as escolhas e ações do presente. Daí a crença de Catão de que a superioridade da Constituição Romana devia-se ao fato de ela não ser obra de um único homem, nem de uma única geração, mas produto de uma pluralidade de homens ao longo de várias gerações. Nesse sentido, o caráter público de sua instituição derivava da *pluralidade*, tanto em sua dimensão espacial e presente como em sua dimensão temporal e histórica, por meio da apropriação que fazia do passado. Era o enraizamento da experiência política romana no tempo que lhe conferia estabilidade em meio às transformações e que possibilitava que a inovação viesse a ser concebida como continuidade, crescimento e aumento da fundação.

Era, pois, a autoridade do passado que criava uma comunidade política e cultural entre a fundação de Roma, seu presente e todos os esforços no sentido de sua continuidade ou imortalização. Ela conferia um lastro temporal à existência comum:

> A substância da *auctoritas* romana é o tempo, é o acréscimo temporal que produz a autoridade. O tempo é autoridade. E o outro nome dessa autoridade é a instituição: a instituição política de um mundo comum não é só espacial (por meio da edificação de um espaço público), mas também temporal (por meio da instituição da durabilidade do domínio

---

23   Ibidem, p. 120 (tradução nossa).

AUTORIDADE E EDUCAÇÃO

público). A autoridade supera, desse modo, a alternativa entre a eternidade da natureza e a efemeridade da convenção.[24]

Logo, a instituição de um domínio público e político enraizado no tempo enseja a possibilidade da durabilidade do mundo comum como uma resposta ao caráter mortal da existência humana. Os homens são mortais, mas Roma é imortal[25]. É pela preservação desse mundo – das obras e instituições que o constituem como palco para a dimensão política da existência humana – e da memória de feitos e palavras notáveis daqueles que o construíram que o passado se atualiza e imortaliza. Sem a instituição desse elo temporal, que vincula as sucessivas gerações entre si e com um mundo comum que as antecede, a existência humana se resumiria à participação no sempiterno ciclo biológico vital, sem ser capaz de instituir o novo e dar-lhe bases de permanência como um legado material e simbólico.

Na verdade, a própria noção de "geração" implica a possibilidade de transmissão e apropriação de um legado material e simbólico, pois, sem ele, só haveria a reposição natural e contínua de membros da mesma espécie, e não se poderia falar em continuidade ou ruptura entre gerações. A existência de um intercâmbio intergeracional depende, pois, da *transmissibilidade* da experiência. São as diferentes formas de se relacionar com o legado de experiências intergeracionais que marcam a atitude de uma cultura em face da autoridade. Em Roma, a tradição – o respeito que vinculava cada sucessiva geração à fundação – gerava a autoridade e "transforma[va] a verdade em sabedoria, e a sabedoria [portava] a consistência da verdade transmissível"[26].

Por essa razão, embora, originariamente, vinculada aos domínios jurídico e político, a ligação entre verdade, sabedoria e a autoridade do passado acabou por ter um papel central em diversos outros âmbitos da vida romana. No plano religioso, por exemplo, ela estava presente nos auspícios que aprovavam

24 M. Revault d'Allonnes, *Le Pouvoir des commencements*, p. 33 (tradução nossa).
25 M. Revault d'Allonnes, op. cit., destaca que, a fim de designar uma duração infinita que escapa ao mundo humano – próxima à noção cristã de eternidade –, os romanos usavam o termo neutro *aevum*, enquanto os termos *perpetus* e *aeternus* referiam-se à durabilidade do que é vivido pelo homem.
26 *Homens em Tempos Sombrios*, p. 168.

70 EDUCAÇÃO: UMA HERANÇA SEM TESTAMENTO

ou desaprovavam as escolhas dos homens, como no lendário episódio em que os deuses autorizam Rômulo a fundar a cidade no Palatino. Mas, é no plano das relações educativas que a transmissibilidade da tradição cumpre mais claramente o papel de fazer da autoridade o elo a vincular o presente e o porvir ao passado e aos ancestrais. Daí a importância educativa que os romanos atribuíam aos mitos fundacionais e às narrativas acerca dos grandes homens do passado: os maiores, cuja grandeza deveria servir como modelo aos que acabavam de chegar ao mundo. Um princípio formativo que encontra sua síntese nas palavras de Políbio, para quem educar os mais jovens era simplesmente "fazer-vos ver que sois inteiramente dignos de vossos antepassados"[27].

Eram a reverência ao passado e a firme crença de que suas lições iluminavam o presente e estendiam seu valor às gerações futuras que autorizavam o educador a se constituir em mediador legítimo entre a herança simbólica ancestral e aqueles que dela precisavam se aproximar a fim de ascender plenamente à sua condição de herdeiros e continuadores de uma cultura (ou seja, de ascender à sua *humanitas*). Essa forma de se conceber a relação entre passado, tradição e autoridade sobreviveu ao colapso de Roma. O cristianismo lhe deu um novo conteúdo (o *Novo Testamento* como narrativa da fundação, a hagiografia como lição exemplar...), mas sem pôr em questão os pressupostos sobre os quais se assentara a noção de autoridade fundada na tradição, no caráter exemplar de vidas e eventos do passado[28]. E, mesmo na era moderna, não obstante a profunda diferença de sua atitude em relação ao passado, é possível encontrar formas residuais desse tipo de ligação temporal como fundamento da autoridade.

As narrativas fundacionais dos Estados nacionais são um claro exemplo da persistência desse caráter autorizador dos princípios associados ao ato instituinte de uma comunidade política. Tome-se como exemplo o discurso de posse de Barack

27 *Entre o Passado e o Futuro*, p. 191.
28 É evidente que o cristianismo introduz também mudanças significativas na noção de autoridade, como a transposição de sua fonte última para um plano que transcende o mundo humano ou a ideia de uma sanção futura como elemento coercitivo. Contudo, interessa aqui ressaltar que, a despeito dessas profundas transformações, ele mantém a mesma atitude de reverência ao passado e a mesma crença em seu papel formativo.

AUTORIDADE E EDUCAÇÃO

Obama na presidência dos Estados Unidos em 2009. Nele, há inúmeras alusões à fundação e ao passado como elementos legitimadores, como referências comuns capazes de aumentar e intensificar o valor simbólico de suas escolhas, inserindo-as na continuidade do espírito inaugural. Assim, Obama[29] se refere reiteradamente ao caráter orientador dos *documentos funda-cionais* e alude à necessidade de se respeitarem "os sacrifícios dos ancestrais" e a atitude corajosa dos "pais fundadores" que, mesmo em meio a lutas ameaçadoras, jamais abriram mão do respeito à lei e aos direitos humanos. É, pois, a evocação de um modelo fixado em narrativas de um passado referencial – os "pais fundadores" na América do Norte, ou "os libertadores" na América Latina, ou a "revolução", ou a proclamação da "república" – que autoriza os atos do presente. É a alegada vinculação a um episódio instituinte – ou aos que são considerados responsáveis por ele – que legitima compromissos, que dá crédito a princípios e valores que se querem transcendentes às contingências do presente e às idiossincrasias pessoais; é o passado reconhecido como referência que produz autoridade.

Mas o reconhecimento da presença residual da autoridade fundada na tradição não deve elidir o fato de que, pelo menos desde a consolidação da modernidade, a ideia de sacralidade do passado e de seu caráter vinculante em relação às novas gerações passa a ser objeto de uma crítica sistemática e radical. Os "tempos modernos" e, em especial, o Iluminismo, não têm de si uma imagem de continuidade ou simples renovação em relação ao passado. Ao contrário, sua autoimagem é, antes, ligada à vontade de instituição do novo, de uma ruptura com a autoridade do passado. À autoridade do *passado*, opõe-se a autoridade da *razão*, que se crê emancipada – ou ao menos em via de emancipação – de toda sorte de "grilhões de uma perpétua menoridade a impedir os homens de pensar por si mesmos"[30].

No plano político, há uma crescente rejeição de qualquer justificativa do poder assentada na transcendência de seu fundamento ou na sacralidade do passado. A noção de contrato social, fruto do assentimento de indivíduos iguais em direitos e semelhantes pela natureza, engendra a progressiva recusa

29 Cf. *Barack Obama's Inaugural Address*.
30 I. Kant, *Textos Seletos*, p. 102.

EDUCAÇÃO: UMA HERANÇA SEM TESTAMENTO

de toda sorte de hierarquias previamente fundadas em uma suposta ordem natural – como as distinções por nascimento – ou na transcendência de uma tradição político-teológica. Mais do que um princípio a ordenar o funcionamento das instituições políticas, a igualdade de condições transforma-se num ideal social, numa *ideia geradora* que, segundo Tocqueville, "acaba por atrair para si [...] todos os sentimentos e todas as ideias, como um grande rio em direção ao qual cada riacho parece correr"[31]. Portanto, a democracia não se limita a uma forma de governo, mas passa a ter um valor simbólico extensivo a todos os domínios da vida social e é evocada como valor capaz de legitimar a busca da efetivação da igualdade universal de direitos e oportunidades[32]. O princípio da *igualdade universal* – é evidente – não abole as relações de dominação nem as desigualdades sociais, mas nelas introduz um elemento de arbitrariedade, uma vez que os lugares sociais não são mais fixados pelo nascimento nem por uma ordem estável e tida como transcendente. A potencial mobilidade social implicada na noção de igualdade de condições significa que, ao menos em princípio, o indivíduo pode passar de uma posição a outra na hierarquia social, que sua aspiração a ocupar um novo lugar é sempre legítima, a despeito dos impedimentos concretos para sua realização. Desse modo, a aceitação da igualdade como princípio axiológico e direito universal não se mostra incompatível com as desigualdades de fato, cuja origem e legitimidade passam a ser atribuídas a outros fatores, como o mérito individual.

Ora, em que pese seu caráter mais programático e imaginário do que real, a expansão do ideal igualitário moderno implicará um conflito direto com a pressuposição de uma assimetria legítima como precondição de todas as formas de intercâmbio entre gerações. E não só no sentido óbvio de que ele engendra uma

---

31 *De la Démocratie en Amérique*, p. 57 (tradução nossa).

32 Há, nesse sentido, uma flagrante distinção entre os ideais moderno e antigo de igualdade. À Grécia democrática, a igualdade era um atributo exclusivo das relações políticas e convivia com a ideia do caráter "natural" de todas as formas de hierarquia e dominação: entre homens e mulheres, entre senhores e escravos etc. A postulação moderna de uma igualdade universal convive com as desigualdades *de fato*, mas recusa-lhes uma legitimidade natural, abrindo espaço para toda sorte de questionamentos a desigualdades que não se devam a um suposto "mérito individual".

AUTORIDADE E EDUCAÇÃO

negação do caráter hierárquico que presidia tais relações, mas também em decorrência do fato de que seu desenvolvimento foi solidário com uma profunda transformação na natureza do vínculo temporal que regia as relações intergeracionais. Para Tocqueville, o caráter igualitário e individualista da democracia moderna implica também uma profunda transformação nos "laços que unem as gerações entre si, levando os homens a perderam o elo com as ideias de seus antepassados ou a não mais se preocuparem com seu curso e destino"[33]. Ao equipararem-se em direitos a todos os seus semelhantes vivos, os homens se equiparam também àqueles que os precederam, a seus ancestrais, que não mais determinam seu lugar no mundo. Seu valor deixa de ser, por si, exemplar, para ser compreendido à luz de um processo de desenvolvimento contínuo; substitui-se a reverência ao passado pelo culto ao futuro como fonte de autorização.

Tece-se assim, no seio da era moderna, uma nova "forma de se traduzir e de se ordenar a experiência do tempo – uma [nova] maneira de se articular o presente, o passado e o futuro – e de lhes atribuir um sentido; ou seja, um novo regime de temporalidade"[34]. No lugar de histórias exemplares de um tempo pretérito, entra em cena a História – no singular –, concebida como um processo homogêneo, linear e contínuo. Diferentemente das histórias dos eventos de um mundo específico e de seus agentes – como o romano ou o cristão –, a História não tem fundação; é um processo que se estende ao infinito, cujo *sentido* (na dupla acepção de significado e direção) deve ser compreendido e captado em sua totalidade. Não é mais o passado que ilumina o presente e se reafirma no futuro; é o sentido que se atribui ao desenvolvimento histórico – a teleologia de um progresso – que empresta à infinidade de eventos aparentemente aleatórios um sentido articulado:

Na *historia magistra*, o exemplar ligava o passado ao futuro por meio do modelo a ser imitado [...] Com o regime moderno, o exemplar em si desaparece, para dar lugar ao que não mais se repete. O passado é por princípio ou, o que dá no mesmo, por posição, ultrapassado [...] Se ainda há uma lição da história, ela vem do futuro e não mais do passado.

---

33 Ibidem, p. 10 (tradução nossa).
34 F. Hartog, *Régimes d'historicité*, p. 147 (tradução nossa).

74 EDUCAÇÃO: UMA HERANÇA SEM TESTAMENTO

Ela está num futuro que emergirá como ruptura com o passado, ou ao menos como diferente dele.[35]

A era moderna recusa o caráter exemplar do passado e sua autoridade sobre o presente como fonte legitimadora da ação educativa. Mas, essa recusa não implica o abandono da responsabilidade pelo vínculo temporal como eixo articulador do intercâmbio intergeracional; ela o transporta para o futuro. É o sentido do devir histórico, o fim (*telos*) para o qual concorre o progresso, que passa a autorizar o ato educativo e dotá-lo de um significado. A educação passa a ser concebida como preparação para um destino histórico, seja ele vislumbrado como a superação de um modo de produção ou como o advento de uma era marcada pela positividade da ciência e pelo desenvolvimento tecnológico, como processo de emancipação política ou de expansão ilimitada da produção e do consumo. Daí a profusão dos *slogans* e máximas segundo as quais a educação é a condição para a plena realização do futuro; já não importa formar jovens dignos de seus antepassados – trata-se de prepará-los para fazer face às novidades do futuro.

A essa tarefa, a escola moderna parece inicialmente responder de uma forma singular e paradoxal: sem recusar como *finalidade* a preparação do indivíduo autônomo e comprometido com o devir histórico, ela conserva o legado da tradição como *meio* para sua realização. É pelo acesso à cultura letrada, a uma herança simbólica enraizada em saberes, linguagens e práticas das quais se crê legítima difusora, que a escola vislumbra sua forma peculiar de cumprir uma função pública e de se colocar à altura do vínculo histórico que lhe foi confiado pela era do progresso. Na escola idealizada na era moderna, era a força do passado que autorizava a construção do futuro.

É só com a crítica da crença no progresso, com a ascensão do que Hartog classifica como *presentismo* – "o progressivo esvanecimento do horizonte futuro por um presente cada vez mais adensado, hipertrofiado"[36] –, que o próprio sentido formativo da transmissão de um legado de experiências simbólicas surge para os educadores como um desafio incontornável. A emergência

35 Ibidem, p. 145-146 (tradução nossa).
36 Ibidem, p. 156

do totalitarismo, a ameaça atômica e ambiental, o esfacelamento dos estados nacionais não representaram só a ruptura da tradição; engendraram também a desconfiança no futuro como um tempo de promessa. Sob a pressão "de exigências cada vez maiores de uma sociedade de consumo na qual, mercê das inovações tecnológicas e da busca de lucro cada vez mais rápido, desenvolve-se um processo vertiginoso de aceleração no ritmo de obsolescência das coisas e dos homens"[37] e cria-se um *regime de temporalidade*, em que já não é mais o passado ou o futuro que emite a luz que ilumina o presente e cria um vínculo temporal entre as gerações – é o presente que ilumina a si mesmo. Em maio de 1968, os muros de Paris anunciavam o sentimento de urgência do presentismo como forma de se relacionar com o tempo: *Tout, tout de suite* (Tudo já!).

O caráter imediatista do presente desafia a educação em seus fundamentos e métodos: em sua tarefa básica de estabelecer um diálogo intergeracional capaz de imprimir durabilidade a um mundo comum e em sua crença de que o objeto, por meio do qual esse diálogo se realiza, é a iniciação num legado específico de experiências simbólicas. Sob a pressão do presente imediato, os discursos educacionais têm procurado imprimir à prática educativa um novo sentido, supostamente mais afinado com as exigências de produtividade, flexibilidade e mobilidade que orientam as preocupações gerenciais e mercadológicas típicas do presentismo contemporâneo. Mas, o preço da eficácia de sua adaptação e conformação à temporalidade dominante pode ser a perda de seu sentido histórico.

Assim, pensar um lugar para a autoridade nas relações escolares, em seu desafio contemporâneo, significa resistir à ameaça de um domínio absoluto do presentismo nessas relações, sem se deixar embair pela tentação da retórica restauradora. O desafio que se apresenta é o de resguardar, no âmbito das relações escolares, a convivência de diferentes temporalidades que se cristalizaram ao longo de seu processo de instituição histórica. Se já não há mais uma tradição que se imponha como natural e necessária, há sempre a possibilidade de se olhar, de um novo ponto de vista, o legado simbólico de que somos tributários e

37 Ibidem.

nele "pescar pérolas" cristalizadas no oceano passado das tradições – para recorrer à bela imagem de Arendt – e oferecê-las como uma herança possível aos novos habitantes do mundo. A educação pode sobreviver à perda de confiança nos desígnios teleológicos de um futuro vislumbrado, mas sempre exige a formulação de novas promessas. E, mesmo presos ao presente, temos sempre a possibilidade de um compromisso: a assunção da responsabilidade pela promoção de um elo temporal entre os educandos e o mundo comum, um elo temporal que os familiarize com o instituído e, assim, os autorize a *instituir o novo*. Pois, na feliz formulação de Revaut d'Allones, "começar é começar a continuar. Mas continuar é também continuar a começar".

4. Educação e Liberdade

da polêmica conceitual às alternativas programáticas

> *A diferença decisiva entre as "infinitas improbabilidades" sobre as quais se baseia a realidade de nossa vida terrena e o caráter miraculoso inerente aos eventos que estabelecem a realidade histórica está em que, na dimensão humana, conhecemos o autor dos "milagres". São os homens que os realizam – homens que, por terem recebido o dúplice dom da liberdade e da ação, podem estabelecer uma realidade que lhes pertence de direito.*
>
> HANNAH ARENDT
>
> *Liberdade, essa palavra que o sonho humano alimenta, que não há ninguém que explique e ninguém que não entenda...*
>
> CECÍLIA MEIRELES

Não é preciso grande familiaridade com a produção teórica em educação para dar conta da importância que o tema das relações entre educação e liberdade ganhou nos discursos pedagógicos, a partir do início do século xx. Ele aparece, por exemplo, em títulos de obras que se tornaram clássicas no campo, como as de Alexander S. Neill, Carl Rogers, Paulo Freire e Ivan Illich[1]. De forma menos direta, mas igualmente central, ele é uma preocupação recorrente nos escritos de John Dewey e marca as reflexões de Theodor Adorno e Hannah Arendt sobre a educação[2]. Mas a evocação do ideal de uma formação educacional comprometida com a liberdade não se reduz a grandes obras teóricas sobre os fins e o sentido da ação educativa. Ela também aparece em diretrizes curriculares e em diplomas legais que regem os princípios dos sistemas nacionais de educação. A Lei de Diretrizes e Bases da Educação Nacional (LDB), por exemplo, estabelece, em seu Artigo 2º, que "a educação [...], inspirada nos princípios de *liberdade* e

---

1 Cf. A.S. Neill, *Liberdade na Escola; Liberdade Sem Medo;* C. Rogers, *Liberdade Para Aprender;* P. Freire, *Educação Como Prática da Liberdade;* I. Illich, *Educação e Liberdade.*

2 Cf. J. Dewey, *Democracy and Education; Experience and Education;* T. Adorno, *Educação e Emancipação; Entre o Passado e o Futuro.*

78 EDUCAÇÃO: UMA HERANÇA SEM TESTAMENTO

nos ideais de solidariedade humana, tem por finalidade o pleno desenvolvimento do educando, seu preparo para o exercício da cidadania"[3]. Paralelamente a essa influente produção teórica e aos discursos normativos das políticas públicas de educação, projetos pedagógicos de escolas públicas e privadas e falas de professores e gestores dos sistemas de ensino passaram a recorrer frequentemente às noções de "emancipação" e "autonomia" do aluno, correlacionando-as com o ideal do cultivo da "liberdade", a fim de estabelecer objetivos, metas e procedimentos que deveriam guiar a ação educativa.

Ora, num campo marcado por controvérsias teóricas e práticas como é o da educação, chega a ser surpreendente a aceitação generalizada dos ideais de promoção e cultivo da liberdade como objetivos centrais da formação escolar. É possível imaginar que, pelo menos em parte, esse aparente consenso derive da adesão da era moderna aos princípios de igualdade e liberdade não só como grandes diretrizes de legitimação da vida política, mas, sobretudo – como destaca Tocqueville[4] –, como valores extensivos a quase todas as dimensões da vida pessoal e social. Logo, tudo se passa como se apenas sob o signo da defesa da liberdade – seja ela compreendida como um ideal social de emancipação das condições de vida de uma população, como uma modalidade de relação entre professores e alunos, como um atributo da vida pública e política ou ainda como uma característica da personalidade individual – pudesse a prática educativa encontrar seu fundamento e sua razão de ser. Mas, se essa adesão generalizada revela um traço comum aos discursos políticos e pedagógicos contemporâneos, ela também pode ocultar – sob a superfície da unanimidade – as profundas divergências teóricas e programáticas presentes em cada uma dessas formas de se conceber a noção de "liberdade" e seu papel no âmbito da educação escolar. Uma das possíveis consequências do ocultamento e da fusão das divergências num todo unânime e aparentemente coeso é a ideia de que haveria entre os diferentes conceitos e discursos educacionais sobre a liberdade uma solução de continuidade e complementaridade; como se a liberdade entendida como atributo da vida

3 Brasil, Lei de Diretrizes e Bases da Educação Nacional (LDB). Lei n. 9.394, de 20 de dezembro de 1996.
4 A. Tocqueville, *De la démocratie en Amérique*.

EDUCAÇÃO E LIBERDADE

política, da vontade individual ou como uma modalidade de relação pedagógica fossem meros aspectos diversos de um mesmo fenômeno essencial.

No entanto, a adoção dessa perspectiva unificadora e essencialista tende a obscurecer um aspecto central para a análise do problema: o fato de que a polissemia presente no uso de conceitos como "liberdade" ou "educação" costuma ensejar inúmeras formulações discursivas distintas que, por sua vez, resultam em disputas tanto teóricas como programáticas. Se algumas das formas de se conceber o conceito de liberdade e seus vínculos com a formação educacional podem manter entre si uma relação de complementaridade, há também inúmeros casos em que elas travam uma relação de mútua exclusão. Assim, há ocasiões em que, a menos que se explicitem os diferentes pressupostos e critérios de julgamento e ação vinculados a conceitos alternativos de liberdade, os discursos educacionais correm o risco de malograr tanto em seu potencial elucidativo como em suas ambições práticas. Não se trata de sucumbir àquilo que Passmore[5] denomina *falácia socrática*: a crença de que uma discussão proveitosa sobre um tema exige definições prévias e exaustivas de seus conceitos fundamentais. Basta reconhecer que a proposição de uma formação educacional comprometida com a liberdade – ou a denúncia de sua suposta falta – tem sido proclamada como se os objetos em tela fossem evidentes e livres de ambiguidades, como se as disputas não envolvessem os próprios conceitos em torno dos quais se apresenta a controvérsia e suas possíveis repercussões práticas.

É importante, contudo, ressaltar que essa potencial ambiguidade – ou polissemia – não é inerente ao próprio termo "liberdade", mas deriva do contexto de seu uso. Portanto, se um prisioneiro diz que "almeja a liberdade", o termo tem um sentido claro e dá pouca margem a ambiguidades: trata-se de se livrar da restrição imposta pelo cárcere. No entanto, essa clareza pode se dissipar em outros contextos linguísticos. Num conjunto de discursos políticos, por exemplo, o termo "liberdade" pode conter acepções e expressar concepções muito diferentes e mesmo alternativas entre si. Não seria de estranhar que, nesse

5   Cf. J. Passmore, *The Philosophy of Teaching*.

contexto, um discurso que exaltasse a "liberdade" se referisse ora à liberdade de escolha de uma confissão religiosa ou à liberdade de iniciativa econômica; ora à libertação de condições de vida materialmente opressivas ou à liberdade de escolha do consumidor. Nos discursos educacionais, a possível variabilidade – em geral, irreconciliável – de acepções do termo "liberdade" não parece ser menor do que aquelas que caracterizam seu uso político. Ressalte-se que, em ambos os casos, as distinções não se limitam a eventuais aspectos complementares de um mesmo núcleo essencial. Ao contrário, elas espelham disputas e controvérsias teóricas e práticas e constituem o que Scheffler[6] chama de *definições programáticas*.

O reconhecimento do caráter programático de uma definição ou de um conceito não é um problema estritamente formal, pois se vincula a seu uso num contexto linguístico determinado. Assim, uma mesma formulação verbal pode ter uma função meramente elucidativa ou um caráter programático, dependendo de seu papel em cada caso particular. Ao enunciar uma definição do termo "arte", um professor pode pretender apenas ilustrar seu uso corrente para um jovem que o desconhece. Mas essa mesma formulação verbal pode ter outro papel numa discussão sobre critérios estéticos e o caráter artístico ou não de determinada obra. Nesse caso, a eventual associação do conceito de arte à noção de "belo" ou "sublime", por exemplo, não visaria simplesmente elucidar um uso corrente do termo, mas sim fixar parâmetros intersubjetivos a partir dos quais seria possível distinguir o que caracterizaria uma obra de arte – por oposição, talvez, a um objeto de uso cotidiano ou a um mero adorno – e o que deveria ficar fora desse campo conceitual. Nesse sentido, as disputas acerca do conceito de arte – ou de sua vinculação ou não à noção de beleza – não se resumem a desacordos verbais ou terminológicos, mas espelham embates relacionados com valores e princípios que regem práticas sociais. A adoção de uma ou outra perspectiva tem consequências tanto teóricas como práticas. A aceitação – ou rejeição – de determinado conceito de arte pode ter implicações de ordem prática, como a mudança do estatuto de determinado objeto, a legitimidade

6   Cf. I. Scheffler, *A Linguagem da Educação*.

de sua presença num museu e até alterações em seu valor de mercado. O mesmo vale para disputas em torno de conceitos ligados a práticas pedagógicas. A luta pela manutenção, restrição ou dilatação do campo semântico de um conceito como o de "avaliação", além de uma disputa teórica, pode representar também um embate prático em torno da legitimidade de certos procedimentos, com evidentes consequências no campo da educação. Concebê-la alternativamente como atividade pontual de mensuração da aprendizagem ou como processo contínuo de diagnóstico de progressos e dificuldades envolve mais do que uma simples disputa terminológica ou conceitual, pois cada uma dessas conceituações implica também a aceitação, rejeição ou legitimação de certas práticas para as quais se busca adesão tanto no plano discursivo como no prático.

Logo, o recurso a uma definição programática – ou a uma *conceituação persuasiva* – não visa à mera elucidação do uso corrente de um termo, como quando enunciamos as características de um "vírus" e suas diferenças em relação à noção de "célula" ou "organismo". Ao sugerir como legítimo e adequado o uso programático de um conceito de alta relevância social, propõe-se, simultaneamente, sua vinculação a um campo semântico impregnado de valores que se expressam na luta pela manutenção, transformação ou restrição de práticas sociais com as quais ele pode – ou deve – ser identificado. Pense-se, por exemplo, nos debates – marcantes na segunda metade do século xx – envolvendo o conceito de democracia. De um lado, o termo era diretamente associado ao liberalismo político e ao pluripartidarismo; de outro, à igualdade de acesso a direitos sociais e à elevação das condições de vida da classe trabalhadora. O cerne da disputa entre concepções alternativas e programáticas de "democracia" não era apenas um problema de elucidação teórica. O que estava em jogo era também, ou mesmo fundamentalmente, a restrição, ampliação ou justificação de *práticas sociais* que pudessem se identificar com o prestígio do termo "democracia". Assim, em meio ao clima de disputas políticas do pós-guerra, os debates acerca desse conceito adquiriram um caráter programático e persuasivo.

O caráter programático e persuasivo das disputas conceituais no campo da educação decorre de sua necessária

82 EDUCAÇÃO: UMA HERANÇA SEM TESTAMENTO

vinculação a questões de ordem ética e política, já que nelas se busca simultaneamente legislar acerca do uso legítimo de um termo e influenciar práticas pedagógicas e políticas educacionais. Mas o reconhecimento dessa dupla função dos discursos educacionais não deve elidir o fato de que, como lembra Scheffler, "o salto que vai da definição à ação é largo e arriscado"[7], e a eventual adequação de uma formulação discursiva não deve implicar a aceitação automática de princípios de ação a ela associados. Por isso, é oportuno ter em mente que:

A educação, assim como a arte, a literatura e outros aspectos da vida social, apresenta estilos e problemas cambiantes em resposta a condições cambiantes. Estas últimas exigem decisões que determinem nossa orientação prática face a elas. Tais decisões podem ser incorporadas na revisão de nossos princípios de ação ou nas nossas definições dos termos [e conceitos] pertinentes, ou em ambas ao mesmo tempo [...] Não existe nenhuma visão interna especial de significações que nos diga como devem ser feitas as revisões e ampliações. O que importa aqui não é uma inspeção das únicas significações autênticas dos termos [em disputa], mas uma investigação, à luz de nossos comprometimentos, das alternativas práticas que estão abertas para nós, bem como das maneiras de levar a efeito as decisões desejadas.[8]

Não se trata, pois, de buscar o "autêntico" conceito – de avaliação ou de liberdade, por exemplo – cuja adequação, rigor ou consistência teórica implicaria a aceitação imediata de um programa prático por ele veiculado ou a ele associado. Isso porque, para além da análise de aspectos teóricos e conceituais, o exame de um discurso programático exige ainda a consideração do valor prático e da pertinência ética e política de suas propostas. E, embora interligadas, as duas dimensões de um discurso programático não se confundem, de modo que a consistência ou a adequação de uma perspectiva teórica não pode ser tomada como signo do valor prático do programa de ação a ela associado. Portanto, em vez de nos isentar do julgamento das decorrências práticas da adesão a determinado discurso programático, a análise das disputas conceituais nos convoca a buscar clareza sobre a natureza dos diferentes embates em

7   I. Scheffler, op. cit., p. 41.
8   Ibidem, p. 42.

pauta. Ao assim fazer, esse tipo de análise permite romper a aparente unidade e coesão da aceitação retórica de um ideal ou objetivo educacional que se apresenta inicialmente consensual e acima de disputas. Em texto publicado na década de 1980, analisando a adesão generalizada ao ideal de "democratização do ensino", Azanha ressaltou que:

> é a unanimidade na superfície e a divergência profunda acerca do significado de "democracia" que torna muito difícil o esclarecimento da noção derivada de "ensino democrático" [pois] não é a profissão de fé democrática que divide os educadores brasileiros [...] [mas] é nos esforços de realização histórica desse ideal que as raízes das posições e das divergências se revelam[9].

Essa *unanimidade na superfície* a esconder *divergências profundas* parece ser um fenômeno recorrente nos discursos educacionais, extensivo a uma ampla variedade de problemas. A título de ilustração, tomemos a unanimidade do clamor por uma "educação de qualidade". Também nesse caso trata-se de uma reivindicação aparentemente consensual em favor da qual os mais diversos segmentos sociais no Brasil têm se manifestado há décadas. Mesmo ignorando a variação histórica e considerando apenas alguns agentes e instituições sociais contemporâneos, é pouco provável, por exemplo, que as federações das indústrias e as centrais sindicais, o Estado e a família, os professores e os responsáveis por políticas públicas tenham, todos, as mesmas expectativas quanto ao que poderia ser uma "educação de qualidade". Algo análogo se poderia dizer sobre o que nos leva a adjetivar a ação educativa como sendo "de qualidade", ou seja, a que práticas e resultados recorremos para identificar sua presença em uma instituição e não em outra[10].

Para alguns desses segmentos sociais, a "educação de qualidade" deve resultar na aquisição de diferentes informações e competências que capacitarão os alunos a se tornarem trabalhadores diligentes e tecnologicamente atualizados; para outros, líderes sindicais contestadores, cidadãos solidários ou empreendedores de êxito, pessoas letradas ou consumidores conscientes.

---

9 *Educação: Alguns Escritos*, p. 26.
10 Cf. J.S.F. Carvalho, *Reflexões Sobre Educação, Formação e Esfera Pública*.

Ora, é evidente que, embora algumas dessas expectativas sejam compatíveis entre si, outras são conflitantes e mesmo alternativas, pois a prioridade dada a um aspecto pode dificultar ou inviabilizar outro. Uma escola que tenha como objetivo maior – e, portanto, como critério máximo de qualidade – a aprovação nos exames vestibulares de escolas de elite pode buscar a criação de classes homogêneas e alunos competitivos, o que dificulta a oportunidade de convivência com a diferença e reduz a possibilidade de se cultivar o espírito de solidariedade. Assim, as características que identificam a "qualidade" numa proposta ou prática educacional podem significar fracasso – ou baixa qualidade – em outra.

Por outro lado, para certas correntes de pensamento, a própria ideia de que uma escola de "qualidade" deva se ater ao desenvolvimento de "competências" ou "capacidades" pode comprometer o ideal educativo, já que, em seu uso comum, nenhum desses termos – "competência" ou "capacidade" – revela um necessário compromisso ético para além da eficácia. Platão, por exemplo, argumenta nesse sentido em seu diálogo *Górgias*: um orador "competente" pode usar sua capacidade para persuadir uma comunidade a aceitar tanto uma "lei justa" como uma "lei injusta". Logo, uma capacidade ou competência se mede pela eficácia dos resultados, mas o mesmo não vale para o cultivo de um princípio ético. Pode-se dizer que alguém é um "orador competente", mas usa sua competência para o "mal", embora não tenha sentido afirmar que alguém é "justo" para o mal, pois, nesse caso, sua ação deveria ser classificada como "injusta". Assim, a ação educativa de "qualidade" é, em Platão, essencialmente de natureza política e ética, e não apenas um instrumento eficaz no que concerne ao desenvolvimento de "competências" ou "capacidades".

Embora sumária, essa análise acerca de uma disputa conceitual – e de suas possíveis consequências práticas – ilustra o tipo de dificuldade e a variedade de critérios que emergem ao se refletir sobre as consequências do caráter programático dos discursos educacionais. E, é evidente, traz à tona a natureza das disputas que se ocultam sob a aparente unanimidade em torno dos discursos que proclamam o cultivo da liberdade como um dos objetivos centrais da formação escolar.

EDUCAÇÃO E LIBERDADE

LIBERDADE: UMA POLÊMICA CONCEITUAL QUE GERA CRITÉRIOS ALTERNATIVOS DE JULGAMENTO

Antes de analisar seus usos programáticos nos discursos educacionais contemporâneos, convém nos debruçarmos sobre alguns aspectos centrais da polêmica conceitual em torno da própria noção de "liberdade". Para tanto, adotaremos como fio condutor inicial da reflexão uma interrogação aparentemente simples: *era Sócrates um homem livre?* O procedimento nos permite, de um lado, discutir certos problemas cruciais que decorrem da variedade de conceitos de liberdade e, de outro, fazer uma análise que os considere tanto em suas formulações mais gerais e abstratas como na condição de critérios alternativos aos quais recorremos para ajuizar o significado de eventos históricos ou narrativas de vida – como a de Sócrates.

Em face dessa questão, um grego que lhe fosse contemporâneo não hesitaria em responder afirmativamente: Sócrates era um cidadão ateniense com direito a voz e voto nas assembleias, gozava da isonomia e da isegoria conferida aos homens livres e podia participar da vida pública. Portanto, vivenciava a liberdade não como um atributo de seu pensamento ou de sua vida interior, mas como uma experiência junto a seus concidadãos, com os quais se reunia, debatia e agia na praça pública (a ágora) e nos ginásios. Ele não era um escravo condenado a permanecer na obscuridade de uma vida privada[11] e restrita à produção para a satisfação das necessidades do processo vital, nem se encontrava sob o jugo de um tirano. Era, pois, livre porque cidadão de uma *polis* livre. Sobre essa concepção de liberdade, concebida como atributo da vida política, afirma Arendt:

---

11 No contexto da vida pública ateniense, a noção de "privado" (*idion*) não se vinculava prioritariamente – como passa a acontecer na era moderna – à posse de uma propriedade ou à eventual riqueza que ela pode auferir a seu proprietário. O termo "privado" indicava, sobretudo, um estado de privação. Os escravos e as mulheres, condenados a permanecer no âmbito privado de sua existência, estavam privados da luz pública do mundo comum, privados da possibilidade de experimentar a pluralidade como marca do mundo público, privados de agir em meio a seus iguais. Nesse sentido, estavam privados da liberdade como atributo da vida pública. Essa dimensão de privação da vida privada passou a ser ignorada a partir da ascensão do critério econômico como o único parâmetro legítimo para a distinção entre os domínios do público e do privado, como vimos no capítulo 1 (*A Condição Humana*, cap. II).

86 EDUCAÇÃO: UMA HERANÇA SEM TESTAMENTO

Antes que se tornasse um atributo do pensamento ou uma qualidade da vontade, a liberdade era entendida como o estado do homem livre que o capacitava a se mover, a se afastar de casa, a sair para o mundo e a se encontrar com outras pessoas em atos e palavras. Essa liberdade era, evidentemente, precedida da liberação: para ser livre, o homem deve ter se liberado das necessidades da vida. O estado de liberdade, porém, não se seguia automaticamente ao ato de liberação. *A liberdade necessitava*, além da mera liberação, *da companhia de outros homens que estivessem no mesmo estado*, e também de *um espaço público comum* para encontrá-los – *um mundo politicamente organizado*, em outras palavras, no qual cada homem livre poderia inserir-se por atos e palavras.[12]

Assim, para Arendt, é a partir de nossa experiência *com os outros* – e não do diálogo interior em que um sujeito isolado delibera e escolhe autonomamente – que tomamos consciência da liberdade como uma potencialidade da vida política. Mas a eclosão da liberdade como fenômeno tangível e público exige mais do que a mera reunião de um coletivo de indivíduos associados. Ela requer a existência de um mundo comum que possa servir de palco para a ação e o discurso dos homens. É, pois, na qualidade de um fenômeno mundano que a liberdade pode se realizar como a faculdade humana de trazer à existência aquilo que é novo, de fazê-lo irromper como um "milagre"[13] capaz de imprimir um rumo até então inesperado ao fluxo dos acontecimentos. Ao recuperar a dimensão fenomênica da liberdade, vivida como uma experiência compartilhada – e não como uma faculdade da vida interior de cada homem –, é que Arendt irá tecer seu conceito de liberdade em contraposição à tradição metafísica, que a concebeu como um atributo do *pensamento* e da *vontade*, mas não da ação.

Foi só a partir do surgimento e da difusão das noções estoica e cristã de "liberdade interior" – concebida como faculdade do

12 *Entre o Passado e o Futuro*, p. 147 (grifos nossos).
13 Dada sua frequente conotação religiosa, a presença do termo "milagre" no texto de Arendt pode causar estranhamento. Não obstante, apesar de citar o *Evangelho* e os ensinamentos de Jesus de Nazaré, Arendt se interessa não especificamente por seu sentido religioso e sobrenatural, mas por suas *implicações filosóficas*: "podemos negligenciar aqui as dificuldades [relativas às múltiplas acepções do termo] e nos referir apenas às passagens em que os milagres claramente *não são* eventos sobrenaturais, mas somente o que todos os milagres [...] devem ser sempre: *interrupções* de uma série natural de acontecimentos, de algum processo automático, em cujo contexto constituam o absolutamente *inesperado* (Ibidem, p. 166, grifos nossos).

EDUCAÇÃO E LIBERDADE

espírito que possibilita ao sujeito a deliberação e escolha em face das contingências da vida ou de um dilema ético – que a liberdade deixou de ser vista como uma experiência política que ocorre no espaço entre-os-homens para se alojar na interioridade da alma humana[14]. Identificada inicialmente com o *livre-arbítrio* – e, posteriormente, com a faculdade da vontade –, responsável por arbitrar entre inclinações alternativas, a liberdade deixou de se vincular ao poder de ação concertada entre homens para ser concebida como uma modalidade de relação que um indivíduo isolado estabelece com sua consciência ou sua vontade. E qualquer que seja a importância desse fenômeno do ponto de vista do sujeito individual, ele não pode ser considerado um fenômeno político em sentido estrito, porque o diálogo interior requer o isolamento e concerne ao "homem no singular, isto é, ao homem na medida em que, seja o que for, não é um ser político"[15], e o domínio do político diz respeito à pluralidade dos homens que vivem, se movem e agem em um mundo comum, e não à relação de um homem com sua consciência ou sua vontade.

Logo, só vinculada à ação no âmbito de um mundo comum, a liberdade pode ser concebida como "a razão de ser da política"[16], que dela podemos esperar a possibilidade de ruptura com processos históricos cristalizados em favor da erupção de um novo começo que, com seu caráter imprevisto e imprevisível, salva o mundo da inevitável ruína provocada pelo desgaste do já instituído:

Entregues a si mesmos, os assuntos humanos só podem seguir a lei da mortalidade [...] O que interfere nessa lei é a faculdade de agir, uma vez que interrompe o curso inexorável e automático da vida cotidiana [...] Prosseguindo na direção da morte, o período de vida do homem arrastaria inevitavelmente todas as coisas humanas para a ruína e a

14 Essa visão de liberdade como um atributo da vontade que independe das condições exteriores do mundo aparece de forma clara em Epicteto (apud *Lectures on Kant's Political Philosophy*, p. 244, grifos nossos): "Tenho que morrer. Tenho que ser aprisionado. Tenho que sofrer o exílio. Mas, tenho que morrer gemendo? [...] Alguém pode impedir-me de ir para o exílio com um sorriso? [...] Acorrentar-me? Vais acorrentar minha perna, sim, mas não minha *vontade*; não, nem mesmo Zeus pode conquistá-la."
15 *A Condição Humana*, p. 5.
16 *Entre o Passado e o Futuro*, p. 149.

88   EDUCAÇÃO: UMA HERANÇA SEM TESTAMENTO

destruição, se não fosse a faculdade humana de interrompê-lo e *iniciar algo novo*, uma faculdade inerente à ação que é como um lembrete sempre-presente de que os homens, embora devam morrer, não nascem para morrer, mas para *começar* [...][17].

Assim, ontologicamente radicada no homem como faculdade, a liberdade se manifesta como um fenômeno tangível e público na ação que, ao romper com o passado, cria o novo, traz à luz algo que não se reduz a uma consequência necessária desse passado nem à atualização de uma potencialidade previamente vislumbrada, mas que, como um *milagre*, interrompe um processo automático de forma inesperada. A violência, sabemos, gera violência, que gerará cada vez mais violência, a não ser que, em vez de reagir, os homens venham a agir, rompendo a expectativa da reprodução e criando uma nova modalidade de convivência. É no momento em que se afirmam – em atos e palavras –capazes de romper com uma herança que se cristaliza em automatismos sociais que os homens exercem a liberdade, pois "os homens *são* livres – diferentemente de possuírem o dom da liberdade – ao agir, nem antes nem depois; pois ser livre e agir são uma mesma coisa"[18].

Não há, pois, na perspectiva do pensamento político de Arendt, algo que se possa assemelhar a uma conquista definitiva da liberdade ou a um lugar onde ela se possa instalar de forma estável e duradoura. E, por mais importante que seja a estabilidade de uma estrutura política que favoreça seu aparecimento no mundo, ela não reside no já instituído, mas na sempre renovável possibilidade instituinte da ação. Nesse sentido, o pensamento de Arendt afasta-se significativamente da visão liberal, que identifica a liberdade com a existência de um ordenamento jurídico capaz de proteger os direitos civis e as liberdades individuais. Não que a garantia das liberdades seja desimportante para a vida política ou para a possibilidade do aparecimento da liberdade em seu seio, mas, tal como no caso da *liberação* – da submissão a outrem ou da premência das necessidades do ciclo vital –, direitos e liberdades civis podem ser considerados precondições importantes para a ação, mas

17   *A Condição Humana*, p. 307 (grifos nossos).
18   *Entre o Passado e o Futuro*, p. 151.

não se confundem com o exercício da liberdade como atributo da vida política. Seu papel é, antes, o de proteger o indivíduo inserido numa ordem social de possíveis arbitrariedades e abusos do poder. Porém, no contexto do pensamento de Arendt, as liberdades civis estão fundamentalmente vinculadas à proteção do indivíduo no que concerne às suas escolhas privadas, enquanto a liberdade política "é essencialmente pública e vincula-se à participação nos assuntos públicos"[19].

A distinção entre a liberdade como capacidade de ação política e como garantia de proteção das escolhas privadas do indivíduo corresponde, em grande medida, à clássica contraposição que Benjamin Constant afirma existir entre a liberdade dos antigos e a dos modernos. Ele identifica essa última com a proteção que uma ordem jurídica oferece a cada um dos cidadãos que se encontra sob a égide de suas leis:

O que em nossos dias um inglês, um francês, um habitante dos Estados Unidos da América entendem pela palavra liberdade? [...] É *para cada um* o direito de não se submeter senão às leis, de não poder ser preso, nem detido, nem condenado, nem maltratado de nenhuma maneira pelo efeito da vontade arbitrária de um ou de vários indivíduos. É *para cada um* o direito de dizer sua opinião, de escolher seu trabalho e de exercê-lo; de dispor de sua propriedade, até de abusar dela; de ir e vir, sem necessitar de permissão e sem ter que prestar contas de seus motivos ou de seus passos. É *para cada um* o direito de reunir-se a outros indivíduos, seja para discutir sobre seus interesses, seja para professar o culto que ele e seus associados preferirem, seja simplesmente para preencher seus dias e suas horas de maneira mais condizente com suas inclinações, com suas fantasias.[20]

Ora, é evidente que, da perspectiva desse conceito de liberdade, a resposta à pergunta anterior – *era Sócrates um homem livre?* – seria provavelmente outra. Poder-se-ia objetar que, apesar de cidadão de uma *polis* democrática, Sócrates não tinha nenhuma garantia para exercer livremente seu direito de crítica, afinal, ela o levou à condenação e à morte, o que poderia ser interpretado como um claro constrangimento à liberdade individual de consciência, escolha e expressão. Nessa perspectiva,

---

19 M. Canovan, *Hannah Arendt*, p. 212.
20 B. Constant, Da Liberdade dos Antigos Comparada à dos Modernos, *Filosofia Política*, p. 81 (grifos nossos).

90 EDUCAÇÃO: UMA HERANÇA SEM TESTAMENTO

a capacidade de ação política perde a primazia como critério indicativo da liberdade, que passa a se fundar na existência da proteção dos direitos individuais. Analisando a condenação de Sócrates, a partir de uma concepção de liberdade como atributo da vida política, o caráter eventualmente injusto do veredicto e o excessivo rigor da pena que se lhe impôs poderiam pôr em questão os critérios e procedimentos jurídicos adotados, mas não seu estatuto de homem livre que agia entre iguais. Já a partir de uma concepção que identifica a liberdade com a garantia e a proteção de direitos individuais, não se trata apenas de erro jurídico ou de inadequação de critérios, mas do cerceamento da própria liberdade de cada um.

Nesse propósito, a concepção de Constant não só descreve o que "um inglês, um francês, um habitante dos Estados Unidos da América entendem pela palavra liberdade", mas apresenta critérios por meio dos quais se podem avaliar e julgar aconte-cimentos históricos, ordenamentos jurídicos e formas de vida política. Generalizada a partir da consolidação das democracias liberais, sua perspectiva identifica a liberdade como atributo de um indivíduo – de cada um – a quem se garante a não interfe-rência em suas escolhas pessoais. Trata-se, pois, da liberdade de cada um em relação ao outro, e não da liberdade que requer a presença de outros para se atualizar como forma de ruptura com um passado cristalizado. Daí a identificação das liberdades civis modernas com a noção de *liberdade negativa*, cuja defesa vincula-se às garantias de não interferência do Estado ou da sociedade em âmbitos fundamentais da vida de um indivíduo. Como destaca I. Berlin, um dos maiores expoentes dessa visão de liberdade:

a defesa da liberdade consiste na meta negativa de *evitar a interferência* [...] Essa é a liberdade como foi concebida pelos liberais no mundo moderno, desde Erasmo aos nossos dias. Toda reivindicação de liber-dades civis e direitos individuais, todo protesto contra a exploração e a humilhação, contra o abuso da autoridade pública ou a hipnose de massa do costume ou da propaganda organizada nasce dessa concepção individualista e muito controvertida acerca do homem[21].

---

21 I. Berlin, Dois Conceitos de Liberdade, em Henry Hardy; Roger Hausheer (orgs.), *Isaiah Berlin*, p. 262 (grifo nosso).

EDUCAÇÃO E LIBERDADE

É importante frisar que não se trata da mera substituição histórica de um conceito por outro, tido como mais adequado ou preciso, como no caso do conceito de "movimento" na física moderna em relação à aristotélica. Tampouco de duas concepções que, por incidirem sobre aspectos diferentes da experiência de liberdade, podem ser justapostas ou harmonizadas sem grandes conflitos. Embora não sejam logicamente incompatíveis, as concepções de liberdade – como atributo da vida política ou garantia de não interferência nas liberdades individuais – representam perspectivas históricas alternativas, engendradas por modos de vida diferentes e alimentadas por princípios muitas vezes conflitantes.

Assim, por exemplo, segundo Arendt, no seio do pensamento liberal, o domínio do político acabará por se reduzir ao âmbito do governo dos indivíduos e da gestão, salvaguarda e expansão da produção econômica, o que obscurece a política como forma de cuidado com o mundo comum e com a teia de relações que os homens nele estabelecem. Essa sujeição do político ao econômico terá como consequência um deslocamento na própria forma de se conceber a liberdade, que deixa de ser um atributo da vida pública para se transformar em liberdade da política, pois o que se espera de um governo é que ele libere os cidadãos da política para que eles possam se dedicar à prosperidade econômica e a seus interesses privados. Por isso, para o pensamento liberal, "quanto menor o espaço ocupado pelo político, maior é o domínio deixado à liberdade", já que, em sua perspectiva, o grau de liberdade de uma comunidade política qualquer pode ser estimado "pelo livre escopo que ela garante a atividades aparentemente não políticas"[22].

Fica claro, com o exemplo, que tratar a liberdade alternativamente (i) como processo de deliberação e escolha do sujeito no curso de um diálogo interno com sua consciência, (ii) como um ordenamento jurídico que garante proteção aos direitos individuais ou (iii) como possibilidade da eclosão do novo por meio da ação política tem repercussões que ultrapassam as meras divergências terminológicas. Identificar a liberdade – um termo impregnado de forte carga emotiva positiva – com

22 *Entre o Passado e o Futuro*, p. 148.

cada um desses campos conceituais específicos implica uma forma diferente de compreender e atribuir sentido às experiências humanas, de pensar as relações que estabelecemos com nossa consciência e com as formas pelas quais interagimos no mundo. E embora eles não tenham necessariamente uma intenção programática, a adesão aos princípios de cada um dos campos conceituais pode ter um impacto considerável no modo pelo qual pensamos e nos posicionamos em face dos desafios de viver juntos em um mundo comum, aí compreendido o de pensar o sentido e as formas de intercâmbio entre as diferentes gerações que coabitam e se sucedem nesse mundo.

É evidente que as concepções apresentadas aqui não esgotam a diversidade de conceitos de liberdade e as perspectivas de análise que deles podem emergir. O que se buscou com essa breve exposição foi apenas ilustrar os possíveis vínculos entre os campos conceituais em que elas se desenvolveram e a forma como a eles recorremos para compreender e julgar eventos históricos e vidas humanas, discutindo seu estatuto de "livres" ou procurando reconhecer a natureza de seu compromisso com o cultivo e a promoção da "liberdade". No caso específico dos discursos educacionais, a análise da diversidade de formas e perspectivas que esse tipo de compromisso pode tomar requer ainda uma cautela adicional. Se ao historiador ou ao teórico da política o conceito de liberdade pode fornecer categorias a partir das quais ele busca compreender uma experiência ou ajuizar seu sentido, no campo dos discursos educacionais, a adoção de uma concepção de liberdade costuma se associar também à difusão de diretrizes e preceitos práticos a ela vinculados. Isso porque, como afirma Durkheim[23], a pedagogia caracteriza-se como uma "arte-prática", na qual os aportes teóricos tanto dão inteligibilidade ao real como fornecem possíveis princípios e diretrizes capazes de inspirar propostas e promover adesões a práticas pedagógicas a eles vinculadas[24].

---

23 E. Durkheim, *Educação e Sociologia*.

24 Evidentemente, essa vinculação não é necessária, do ponto de vista lógico. Um princípio não carrega em si as regras de sua aplicação; daí a possível variedade de práticas inspiradas em um mesmo conjunto de princípios teóricos (como no caso do construtivismo educacional). Não obstante, não é raro que a uma corrente teórica se associe um conjunto de práticas mais ou menos difusas, de forma que os dois aspectos apareçam com frequência como se fossem ▶

EDUCAÇÃO E LIBERDADE

LIBERDADE COMO PRÁTICA PEDAGÓGICA:
O DISCURSO DAS PEDAGOGIAS DA AUTONOMIA

Dentre a diversidade de discursos pedagógicos que proclamam ter um compromisso com *os ideais de liberdade*[25], há um conjunto de propostas e experiências que, não obstante a diversidade de pressupostos e perspectivas teóricas em que se fundam, têm sido agrupadas como integrantes de uma mesma tendência pedagógica geral. Sua influência – ao menos no que concerne às práticas discursivas – tem sido de tal forma avassaladora entre educadores que Yves de La Taille chega a afirmar que "de todas as inovações educacionais de que tivemos notícias durante o século xx [...] as chamadas escolas democráticas, nas quais os alunos criam regras de convívio e escolhem o que querem estudar, foram as que mais intrigaram, encantaram ou assustaram"[26].

De fato, ainda que sua presença nas redes públicas e privadas seja numericamente irrelevante[27], as ditas "escolas democráticas" – ou as "pedagogias não diretivas", como as denomina criticamente Georges Snyders[28] – transformaram-se na principal referência teórica atual para a discussão acerca dos vínculos entre a formação escolar e o cultivo da liberdade. Popularizadas no Brasil, a partir da segunda metade do século xx, essas teorias gozam, desde então, de imenso prestígio entre educadores e intelectuais ligados à educação. Não se trata, como reconhecem tanto seus entusiastas como seus críticos, de um movimento pedagógico coeso. Entre seus adeptos no plano teórico, podemos encontrar perspectivas tão diversas como as

> ▷ imediatamente vinculados. A esse respeito, ver J.S.F. Carvalho, A Teoria na Prática É Outra?, *Reflexões Sobre Educação, Formação e Esfera Pública*.

25 H. Singer, *República das Crianças*, p. 15.

26 Y. de La Taille, Apresentação, em H. Singer, *República das Crianças*, p. 11.

27 Mesmo que, como H. Singer, em *República das Crianças*, admitamos que as "escolas democráticas" se tenham espalhado por diversos países e até influenciado políticas públicas de educação em Israel, o fato é que elas continuam sendo, há quase um século, experiências isoladas dentro da totalidade de instituições das redes públicas e privadas. No caso particular do Brasil, sua presença se faz sentir de forma mais intensa junto à rede de escolas privadas classificadas como "alternativas", cujo acesso é restrito a uma elite social e econômica – fato deveras incômodo para uma pedagogia que se pretenda "democrática".

28 Cf. G. Snyders, *Para Onde Vão as Pedagogias Não Diretivas*.

94   EDUCAÇÃO: UMA HERANÇA SEM TESTAMENTO

de Alexander Sutherland Neill; Jean Piaget; Carl Rogers; Gilles Ferry; Michael Apple e James Beane, entre outros[29]. No campo das experiências práticas, elas têm como referências desde a veterana Summerhill até iniciativas mais recentes como a Escola da Ponte, em Portugal, ou as diversas escolas europeias e latino--americanas retratadas no documentário *A Educação Proibida*[30]. O que autorizaria, pois, o agrupamento de um conjunto tão heterogêneo em termos de referências teóricas, convicções políticas e propostas pedagógicas sob um mesmo rótulo? Segundo Singer, apesar das significativas diferenças, praticamente todas essas experiências e os discursos em que se apoiam teriam "duas características em comum: gestão participativa [...] e uma organização pedagógica [...] em que os estudantes definem suas trajetórias de aprendizagem, sem currículos compulsórios"[31].

Assim, a despeito de suas diferentes inspirações teóricas e da variedade de procedimentos didáticos que adotam, essas correntes pedagógicas – que passamos a chamar de "pedagogias da autonomia"[32] – comungam dois pressupostos distintos e complementares. O primeiro diz respeito a uma visão de infância impregnada do otimismo escolanovista, segundo o qual bastaria garantir liberdade às crianças para que elas viessem a desenvolver a "capacidade de se autogovernar"; bastaria que fossem poupadas do "autoritarismo adulto" para que se tornassem capazes de "alcançar a autonomia moral" e que fossem protegidas "das tiranias curriculares" para que se tornassem capazes de, por si mesmas, "organizar sua aprendizagem"[33]. Portanto, ao mesclar e veicular, ainda que de forma simplificada e heterodoxa, as visões de infância presentes em obras clássicas como as de Rousseau, Freud ou Piaget, essas correntes pedagógicas procuraram

29   A.S. Neill, *Liberdade na Escola*; *Liberdade Sem Medo*; J. Piaget, *Sobre a Pedagogia*; C. Rogers, *Liberdade Para Aprender*; G. Ferry, *La Pratique du travail en groupe*; M. Apple e J. Beane, *Escolas Democráticas*.

30   Uma produção independente de J. Vuatista em que se entrevistam cerca de noventa educadores europeus e latino-americanos sobre formas supostamente inovadoras de se pensar o espaço e as práticas escolares.

31   H. Singer, op. cit., p. 15.

32   A escolha dessa denominação evita tanto a carga positiva que seus adeptos pretendem ao associá-la ao adjetivo "democrática" como a imagem negativa já associada à crítica de G. Snyders, op. cit., da qual, embora partilhemos alguns elementos, também discordamos.

33   Y. de La Taille, Apresentação, em H. Singer, op. cit., p. 12.

difundir uma nova concepção acerca da natureza do mundo infantil e de suas relações com a aprendizagem e assim induzir a renovação e modernização das práticas escolares.

O segundo pressuposto, por elas compartilhado, vincula-se ao caráter estritamente moderno e individualista da noção de liberdade que adotam, concebida não como uma potencialidade *de ação no mundo*, mas como uma forma de proteção da criança em relação a normas e imposições sociais. Logo, elas se aproximam da concepção negativa de liberdade, já que, de acordo com sua visão, uma formação educacional comprometida com a liberdade requer práticas centradas nos interesses de cada criança e na singularidade de sua experiência e de suas expectativas, evitando interferências exteriores ao próprio caminho e ritmo de desenvolvimento. Num exemplo tão simples como frisante da transposição da noção de liberdade negativa para o campo pedagógico, um dos grandes expoentes da tendência afirma:

A liberdade, numa escola, é simplesmente fazer o que se gosta de fazer, desde que não estrague a paz dos outros, e na prática isso funciona maravilhosamente bem. É relativamente fácil ter essa espécie de liberdade, em especial quando ela é acompanhada de autogoverno por toda a comunidade, e se é livre de qualquer tentativa adulta para guiar, sugerir, deitar regras, quando se é livre de qualquer medo dos adultos.[34]

É evidente que a formulação radicalmente liberal de Neill não seria aceita sem reservas por todas as variantes que se identificam com as pedagogias da autonomia, porque, especialmente a partir dos anos de 1960, proliferaram versões dessa corrente pedagógica que lhe atribuíram um caráter social alegadamente revolucionário, vinculando-a a ideais anarquistas ou marxistas. No entanto, é interessante notar que, mesmo em algumas de suas formulações mais radicais – como as de Singer, que nela vislumbra uma forma de resistência ao poder –, o domínio do político, a exemplo do que ocorre nas teorias liberais, é concebido como resultante da somatória das características pessoais de seus membros individualmente considerados. Daí a suposta importância de uma experiência pedagógica em que cada um

---

34 A.S. Neill, *Liberdade, Escola, Amor e Juventude*, p. 160.

96   EDUCAÇÃO: UMA HERANÇA SEM TESTAMENTO

possa fazer suas escolhas e participar de mecanismos de deliberação conjunta para a formação de cidadãos autônomos:

Entende-se que essa sociedade [verdadeiramente democrática] só será possível se seus membros forem pessoas de iniciativa, responsáveis, críticas, em uma palavra, autônomas. O discurso das escolas democráticas volta-se justamente para esse tipo de formação.[35]

O pressuposto é, pois, o de que a *sociedade democrática* exige *indivíduos democráticos* e que caberia à escola formá-los. Ora, é evidente que se pode atribuir à escola o compromisso de procurar cultivar princípios políticos caros a uma sociedade republicana e democrática e que, para sua realização, podemos lançar mão de inúmeros recursos e procedimentos, inclusive a organização de assembleias discentes. Mas vincular as condições de possibilidade ("só será possível"!) de uma sociedade democrática à formação prévia de personalidades democráticas é, em primeiro lugar, um equívoco do ponto de vista histórico. O florescimento da democracia ateniense não foi precedido, mas sucedido por uma democratização de práticas educativas que, até as reformas de Clístenes, eram privilégio da aristocracia. Mesmo no Brasil contemporâneo, a democratização do acesso à escola básica não precedeu, mas, antes, resultou de um longo processo de lutas políticas visando à democratização da vida social. Ademais, a convicção de que uma verdadeira democracia exige o desenvolvimento prévio de certos traços de personalidade em seus cidadãos – além de questionável do próprio ponto de vista da lógica democrática que se autoinstitui e se fortalece na exata medida em que rejeita pré-requisitos como condição de participação na vida pública – esbarra em paradoxos insolúveis: se a democracia exige a formação prévia de cidadãos dotados de qualidades democráticas, como poderá uma sociedade não democrática desenvolver instituições formativas capazes de empreender tal tarefa? Aceitando esse pressuposto, não estaríamos a negar a vinculação da democracia com o vigor de uma vida pública em meio à pluralidade para concebê-la como uma forma de vida social passível de ser fabricada pela escola?

35   H. Singer, op. cit., p. 16.

EDUCAÇÃO E LIBERDADE 97

Tais questões nos levam a um segundo problema desse pressuposto. Trata-se do fato de que, concebida como uma modalidade de prática pedagógica e identificada com procedimentos escolares, a liberdade se vê destituída de seu caráter político para se reduzir a um "faz de conta pedagógico"[36] segundo o qual ela se traduziria na faculdade atribuída a um aluno de deliberar sobre os rumos de sua vida escolar. Desse modo, para as pedagogias da autonomia, a liberdade se efetivaria na medida em que lográssemos "liberar" as crianças das "tiranias curriculares" e da "opressão de sua criatividade", supostamente resultante da transmissão de normas, regras e procedimentos por meio do ensino escolar. Daí que a própria noção de "ensino" passa a ser identificada como um exercício de poder normalizador[37] a ser abolido das instituições que se pautam pelo compromisso com a liberdade. (Como se as práticas não diretivas não tivessem – também elas – os próprios efeitos normalizadores.)

Do ponto de vista estritamente pedagógico, essa visão parece ignorar que, ao apresentar um modo de proceder que caracteriza um ramo do conhecimento – como a noção de hipótese no campo das ciências – ou ao mostrar as regras que presidem a composição de um soneto, um professor não necessariamente tolhe a "liberdade" do aluno. Ele pode apenas explicitar parâmetros a partir dos quais uma prática social – como a ciência, a literatura ou o futebol – organiza-se e é julgada em seus méritos. Orientar um aluno a se ater a quatorzes versos para compor um soneto não o impede de escrever o próprio soneto; é simplesmente condição necessária para que sua produção seja classificada e avaliada na condição de "soneto". Da

36 J.M.P. Azanha, *Educação: Alguns Escritos*.
37 É evidente que não se pretende negar a existência de um poder normalizador das instituições escolares, tampouco ignorar o fato empírico de que muito do que nelas tem ocorrido visa, antes, à conformação de condutas a certos padrões preestabelecidos do que à emancipação de um sujeito. No entanto, atribuir esses fatos à atividade de ensino é simplificar sobremaneira o problema, do ponto de vista de seus condicionantes sociais, e ignorar distinções conceituais básicas como as que opõem "ensino" a "doutrinação", "conformação" ou "treinamento". Além disso, seria extremamente ingênuo – ou perigosamente astuto! – alegar que as práticas pedagógicas propostas pelas pedagogias da autonomia estão isentas de produzir os próprios efeitos normalizadores em seus alunos.

98   EDUCAÇÃO: UMA HERANÇA SEM TESTAMENTO

mesma forma, ensinar a um iniciante as regras do futebol não o impede de criar um estilo próprio de jogar; é, antes, uma condição necessária para que isso venha a acontecer. É claro que, muitas vezes, as formas pelas quais regras, procedimentos e cânones de avaliação são apresentados no contexto da educação escolar podem ser inadequadas para os propósitos educativos de iniciação e cultivo de uma tradição intelectual, e as denúncias das pedagogias da autonomia a esse respeito permanecem válidas, mas isso não abole a necessidade de sua apresentação nem implica que seu ensino represente um cerceamento da liberdade do aluno:

Existe uma ideia romântica um tanto generalizada de que ensinar às crianças a maneira de fazer coisas é travá-las, como se as atássemos em cordas. Não obstante ter [do ensino] uma visão correta, é compreendê-lo como um exercício por meio do qual os alunos aprendem a evitar e reconhecer determinadas confusões, bloqueios, desvios e terrenos perigosos e movediços. Capacitá-los para que evitem dificuldades, desastres, incômodos e desperdício de esforços é ajudá-los a mover-se em direção ao que desejam. Os sinais de trânsito, em sua maioria, não impedem a corrente do tráfego; previnem os obstáculos que poderiam impedi-la.[38]

Assim, a despeito da sedução que têm exercido entre intelectuais e educadores que se autoidentificam como progressistas e mesmo revolucionários, as pedagogias da autonomia nasceram e se desenvolveram sob a égide do conflito moderno entre indivíduo e sociedade. E sua concepção de liberdade como o direito de cada um fazer as próprias escolhas vincula-se e reproduz acriticamente o ideário do liberalismo individualista que marca seu surgimento. Mesmo em suas atividades pretensamente mais politizadas – como as assembleias escolares –, a noção de liberdade não ultrapassa a da capacidade de criação de um conjunto de regras de convívio num simulacro pedagógico de república, como se o pátio escolar pudesse se transfigurar numa ágora pré-política. No entanto, como lembra Azanha, "a liberdade na vida escolar, por ilimitada que seja, ocorre num contorno institucional que, pela própria natureza, é inapto para reproduzir as condições da vida política"[39]. Portanto, mesmo que assembleias e fóruns de

38   G. Ryle, Teaching and Training, *The Concept of Education*, p. 115.
39   J.M.P. Azanha, op. cit., p. 42.

EDUCAÇÃO E LIBERDADE

discussão discente sejam recursos pedagógicos eventualmente eficientes ou interessantes para a formação educacional, tomá--los como exercícios de liberdade política é deixar-se embair pelo fetiche do procedimento, como se no rito abstraído de seu contexto residisse a substância do fenômeno.

A seu favor, talvez não possamos nem sequer alegar que sejam formas de preparação para a liberdade da vida democrática; isso implicaria conceber a faculdade da liberdade política como uma espécie de capacidade técnica passível de ser aprendida por meio de exercícios abstratos, tal como quando se praticam a leitura e a escrita de famílias silábicas (ba, be, bi...) como forma de preparação para a escrita em contextos não escolares[40]. Ora, na qualidade de atributo da vida política, a liberdade relaciona-se com o caráter aberto do futuro humano, com a capacidade de romper com a reprodução do passado em favor de algo até então imprevisível, o que não equivale à capacidade de deliberação entre opções de antemão anunciadas. Daí que a ideia de uma preparação para a liberdade política possa soar tão absurda como a obrigação de ser espontâneo.

Além disso, no contexto de uma experiência escolar, as escolhas e os procedimentos adotados devem sua legitimidade a seu potencial educativo, e não a qualquer outro efeito secundário que possam vir a ter. Assim, as decisões de uma assembleia de alunos serão sempre julgadas a partir de seu potencial formativo na constituição de um sujeito que se insere num mundo que lhe antecede e que abriga tradições culturais e formas de vida nas quais compete à escola iniciar seus alunos. O processo de iniciação dos novos em heranças culturais e formas de vida é,

---

40 Bernard Lahire comenta, em *La Raison scholaire*, com razão, a tendência crescente de pedagogização das relações sociais de aprendizagem, que passa a vincular qualquer tipo de aprendizado ao exercício de técnicas fragmentadas e abstraídas do contexto em que transcorre uma prática social. Assim, a exemplo das técnicas que a escola francesa do século XVIII desenvolveu para a aquisição da língua escrita, o aprendizado da música se fragmentou em seus componentes constitutivos: solfejo, ritmo etc. Da mesma maneira, as "escolas de futebol" passaram a exercitar fundamentos – passes, chutes e dribles – em abstração de seu uso concreto e integrado num jogo. Seja qual for sua eficácia na aquisição de alguns saberes escolares ou práticas sociais, o fato é que sua aplicação não pode ser generalizada a todo e qualquer campo da experiência humana, sob o risco de trivializar e degradar aspectos fundamentais da vida privada ou social que não se coadunam com qualquer sorte de pedagogização, como a sexualidade ou a política.

100 EDUCAÇÃO: UMA HERANÇA SEM TESTAMENTO

ao mesmo tempo, condição necessária para a durabilidade do mundo e para a constituição da singularidade de cada sujeito que dele participa e que nele é acolhido por meio da educação. Não há, pois, uma cisão entre o cuidado do mundo – de suas heranças simbólicas e formas de vida – e a constituição de um sujeito:

A autoconstituição [*self-realization*] dos seres humanos não é a realização de um fim predeterminado [...] tampouco é uma potencialidade infinita, desconhecida, que a herança de realizações humanas tanto pode fazer malograr como promover. Os sujeitos que se autoconstituem não são abstrações racionais, são personalidades históricas, estão entre os componentes deste mundo de realizações humanas; e não existe, para um ser humano, outra maneira de se constituir como sujeito que não seja aprendendo a reconhecer-se no espelho dessa herança [...] Assim, pôr uma "civilização" ao alcance do aluno não é pô-lo em contato com os mortos, nem reproduzir ante seus olhos a história social da humanidade [...] Iniciar um aluno no mundo das realizações humanas é pôr ao seu alcance muitas coisas que não se apoiam na superfície do mundo presente. Uma herança pode conter coisas caídas em desuso, abandonadas ou esquecidas. Conhecer somente o predominante é familiarizar-se com uma versão atenuada desta herança. Ver-se refletido no espelho do mundo atual é ver a imagem tristemente distorcida de um ser humano; porque nada nos autoriza a crer que estamos diante da parte mais valiosa de nossa herança, ou que o melhor sobrevive com maior facilidade do que o pior. E nada sobrevive neste mundo sem o apreço humano.[41]

Nesse sentido – e mesmo que não tenha sido essa a intenção das pedagogias da autonomia –, sua ênfase na liberdade como atributo do indivíduo se faz ao custo da negação do mundo e da desvalorização da política como uma resposta digna à pluralidade dos homens que habitam e renovam seu mundo comum. Em verdade, essa negação não se origina nas práticas nem nos discursos pedagógicos, mas no próprio declínio a que a política foi submetida como forma de existência a partir da ascensão de uma sociedade de consumidores. Logo, as pedagogias da autonomia importam para o âmbito dos discursos escolares a desconfiança generalizada e os preconceitos do mundo moderno em relação ao domínio público e à atividade política. Não por acaso, seu desenvolvimento e difusão coincidiram com

41 M. Oakeshott, Teaching and Learning, *The Concept of Education*, p. 167.

EDUCAÇÃO E LIBERDADE 101

as experiências traumáticas das guerras mundiais e da ascensão de regimes totalitários na Europa. O caráter inóspito do mundo que então emergiu passou a desafiar as próprias condições de possibilidade da educação. As experiências generalizadas a que as pessoas foram submetidas, de "abandono e superfluidade dos seres humanos, radicalmente opostas ao pertencimento a um mundo compartilhado"[42], minaram o próprio sentido da educação como processo de iniciação em um mundo comum.

De forma análoga, foi na vigência da ditadura militar no Brasil que a concepção de liberdade presente nos discursos das pedagogias da autonomia passou a ganhar proeminência nos debates entre intelectuais e educadores, como se sua presença no contexto escolar pudesse fazer frente a seu desaparecimento no espaço público. Tal como no caso da emergência da ideia estoica da liberdade como atributo da vida interior, que se seguiu à dissolução da democracia e da autonomia da *polis*, foi na ausência do vigor da vida pública moderna que o ideal da liberdade como atributo da vontade ou como proteção do indivíduo prosperou e se consolidou.

Talvez pudéssemos cogitar, a título de hipótese, que a presente revalorização do ideário das pedagogias da autonomia – hoje associado também ao discurso das competências do aprendiz – tampouco deva ser dissociada do crescente processo de desqualificação da política. Já não se trata do embate contra forças tirânicas ou totalitárias, mas, antes, do enfraquecimento da política em face da naturalização da administração da sociedade reduzida a um organismo econômico e produtivo. Daí a compatibilidade e a coincidência entre os discursos que pregam a autonomia pessoal, a responsabilização individual e o compromisso da educação com o desenvolvimento, no indivíduo, de competências supostamente necessárias a um futuro mercado de trabalho[43]. Assim, imputa-se ao que sempre foi considerado o centro das disputas e deliberações de políticas educacionais – currículos, objetivos, avaliações – o caráter de um curso necessário, imposto ao presente por supostas

---

42 V.S. Almeida, *Educação em Hannah Arendt*, p. 80.
43 Vejam-se, por exemplo, os relatórios de educação da OECD.

102   EDUCAÇÃO: UMA HERANÇA SEM TESTAMENTO

demandas do desenvolvimento tecnológico e do progresso econômico futuro[44].

Mas as críticas a alguns dos pressupostos fundamentais das pedagogias da autonomia não devem ser tomadas como se representassem uma rejeição *in totum* das questões que elas levantam. Há aspectos relativamente recorrentes em seus discursos – como a consideração das diferenças culturais e individuais dos alunos ou seu caráter de "sujeitos" que interagem com o processo educativo – que representam contribuições significativas ao debate educacional. Em particular, merece atenção e apreço a ideia, cara a certos segmentos das pedagogias da autonomia, de que a própria convivência escolar deve ser pautada por alguns valores fundamentais da cidadania democrática, como o respeito à pluralidade e à diversidade. Portanto, tal como Snyders, "acreditamos que seu sucesso junto a um grande número de professores – e dos mais apaixonados – é testemunho da realidade das contradições que denunciam"[45]. Mas acreditamos também que o êxito generalizado das pedagogias da autonomia e a difusão de seus ideais por meio de *slogans* e palavras de ordem têm levado professores – e amplos segmentos da comunidade acadêmica – a tratar essas "palavra[s] nova[s] como se fosse[m] a[s] única[s] possível[is]"[46], como se a crítica a seus pressupostos representasse necessariamente a negação do compromisso da educação com a liberdade ou a adesão a um inimigo abstrato contra o qual elas têm voltado todas as suas críticas: a escola tradicional[47], o que, evidentemente, não é o caso.

---

44   Cf. F.L. Silva, O Mundo Vazio, *Maurício Tragtenberg*.
45   G. Snyders, *Para Onde Vão as Pedagogias Não Diretivas*, p. 10.
46   Ibidem.
47   Como temos reiterado em diversas ocasiões, foi o próprio discurso escolanovista que criou a ideia da existência de uma escola e de um ensino "tradicional", fundada numa descrição caricatural de práticas escolares que deveriam ser substituídas por suas modernas e supostamente científicas prescrições didáticas e metodológicas (Cf. J.S.F. Carvalho, *Construtivismo*).

EDUCAÇÃO E LIBERDADE 103

DO AMOR AO MUNDO AO MILAGRE DO NOVO: UMA PERSPECTIVA ARENDTIANA PARA O VÍNCULO ENTRE EDUCAÇÃO E LIBERDADE

As críticas de Arendt[48] ao pressuposto pedagógico de que haveria *um mundo das crianças* e que, para respeitar sua autonomia, os adultos deveriam deixar que elas se autogovernassem são radicais. Em primeiro lugar, porque a ideia de um mundo das crianças implica a recusa da dimensão histórica do mundo: a negação da durabilidade pública do artifício humano capaz de abrigar as práticas e tradições culturais que nele surgiram e se desenvolveram. Mas implica também o abandono das crianças aos próprios recursos e às contingências de sua vida. Isso porque o direito ao acesso a um conjunto selecionado de experiências simbólicas e narrativas que procuram compreender e dar sentido à experiência humana nesse mundo comum deixa de ser concebido como uma obrigação da instituição escolar e passa a estar sujeito aos interesses daquele que aprende. Uma mudança cujo impacto, do ponto de vista exclusivamente pedagógico, pode não ser intenso para as crianças que já têm familiaridade com a cultura letrada em seu ambiente privado, mas que tende a ser desastrosa para aqueles que dependem quase exclusivamente da escola para adquirir o repertório exigido por esse tipo de cultura.

Em segundo lugar, porque "ao emancipar-se da autoridade dos adultos, a criança não foi libertada, e sim sujeita a uma autoridade muito mais terrível e verdadeiramente tirânica, que é a tirania da maioria"[49]. Sem um espaço público organizado de forma a poder acolher a pluralidade de visões e perspectivas e garantir a possibilidade do dissenso e da ação em concerto, a mera deliberação pela maioria não necessariamente significa um compromisso com a liberdade e a democracia, como o prova a adesão maciça que os regimes totalitários receberam quando de sua ascensão ao poder. Se mesmo para adultos já formados não é fácil resistir à pressão social para que se conformem às opiniões predominantes, no caso de pessoas em formação – como são as crianças –, expor uma visão singular que esteja

48 Cf. *Entre o Passado e o Futuro*, p. 177.
49 Ibidem, p. 178.

104 EDUCAÇÃO: UMA HERANÇA SEM TESTAMENTO

em desacordo com a maioria de seus pares pode ser, segundo Arendt, uma experiência traumática e ainda mais opressiva do que a sujeição ao eventual poder arbitrário de um único adulto: o professor.

Não é, pois, pela adoção de práticas pedagógicas deliberativas nem pela criação de novas modalidades de relação interpessoal entre educadores e educandos que se traduzirá, no quadro do pensamento arendtiano, o compromisso da formação educacional com a liberdade. Mas se a recusa em atribuir a essas práticas pedagógicas o estatuto de um compromisso com a liberdade é explícita em Arendt, o mesmo não pode ser dito de sua concepção sobre a relação entre a formação educacional e o caráter essencialmente político da liberdade. Em seu texto sobre a crise da educação, o tema só aparece indiretamente, mas em momentos cruciais. É possível vislumbrá-lo, por exemplo, em sua recusa à fusão do domínio do político com o da educação, já que a tentativa de fabricar uma ordem social e política por meio da educação retiraria "das mãos dos recém-chegados a própria oportunidade em face do *novo*"[50], e também quando ela deposita suas esperanças de renovação do mundo "no *novo* que cada geração traz"[51]. Mas, talvez, sua mais contundente afirmação sobre a natureza dessa relação ocorra no parágrafo final do texto, quando resume toda a riqueza de suas reflexões ao apontar a educação como uma atividade que nos desafia a julgar e a definir nossa atitude em face do mundo e da natalidade. E assim o é porque a educação nos obriga a decidir se "amamos o mundo o suficiente para assumir a responsabilidade por ele e, com tal gesto, salvá-lo da ruína que seria inevitável"[52] e, ao mesmo tempo, se amamos as crianças o suficiente para não "arrancar de suas mãos a oportunidade de empreender algo *novo* e *imprevisto* por nós"[53].

Assim, é precisamente na intersecção entre "o amor e o cuidado do mundo" e "a fé e a esperança na natalidade" que se manifesta o compromisso dos educadores com a liberdade. Um compromisso que não se confunde com a adoção de um

50 Ibidem, p. 174 (grifo nosso).
51 Ibidem, p. 189 (grifo nosso).
52 Ibidem, p. 193.
53 Ibidem (grifo nosso).

EDUCAÇÃO E LIBERDADE   105

procedimento pedagógico padronizado – seja ele qual for –, mas que se revela na *atitude do educador* em face do mundo e dos que a ele chegam por meio da natalidade. Em Arendt, o amor ao mundo – a exemplo da fé e da esperança em sua renovação – vincula-se mais a um modo de nele agir e com ele se relacionar do que a um sentimento interior ao agente[54]. Talvez pudéssemos mesmo qualificá-lo como um "princípio", na acepção particular que ela, a partir de Montesquieu, atribui-lhe como elemento inspirador da ação:

Princípios não operam no interior do eu [*from within the self*], como o fazem motivos [...], mas como que inspiram do exterior, e são demasiado gerais para prescrever metas particulares, embora todo desígnio possa ser julgado à luz de seu princípio, uma vez começado o ato. Diferentemente do juízo do intelecto, que precede a ação, e do império da vontade, que a inicia, o princípio inspirador torna-se plenamente manifesto somente no próprio ato realizador [...] Distintamente de sua meta, o princípio de uma ação pode sempre ser repetido mais uma vez, pois é inexaurível [...][55]

Portanto, mesmo se desenvolvendo num espaço pré-político, a atividade docente – ao menos se a considerarmos em sua dimensão formativa e não apenas como transmissão de informações e conformação de condutas – assemelha-se à ação, ainda que com ela não se confunda. Tal como nesta, um professor revela *quem ele é* por seus atos e palavras; suas escolhas não se resumem a deliberações acerca de meios técnicos supostamente mais eficazes para atingir um fim, já que a forma pela qual se ensina e se aprende tem, em si mesma, um caráter formativo[56]. A formação educacional tampouco se confunde com a

---

54 Cf. V.S. Almeida, *Educação em Hannah Arendt*.
55 *Entre o Passado e o Futuro*, p. 151.
56 A importância da forma no ato de ensinar foi corretamente salientada por Israel Scheffler, em *A Linguagem da Educação*: "o ensino poderá, certamente, proceder mediante vários métodos, mas algumas maneiras de levar as pessoas a fazer determinadas coisas estão excluídas do âmbito padrão do termo 'ensino'. Ensinar, em seu sentido padrão, significa submeter-se, pelo menos em alguns pontos, à compreensão e ao juízo independente do aluno, à sua exigência de razões e ao seu senso a respeito daquilo que constitui uma explicação adequada. Ensinar a alguém que as coisas são deste ou daquele modo não significa meramente tentar fazer com que ele o creia; o engano, por exemplo, não constitui um método ou um modo de ensino" (p. 70).

106 EDUCAÇÃO: UMA HERANÇA SEM TESTAMENTO

fabricação de indivíduos adaptados a uma ordem social prees-
tabelecida ou a uma função econômica tida como necessária.
Trata-se, antes, de um processo cuja meta é a constituição de
um sujeito em interação com o mundo ou, se quisermos permanecer numa terminologia mais estritamente arendtiana, de
um alguém que se insere de forma singular na pluralidade do
mundo. Logo, a exemplo da ação, a atividade docente não se
exerce sobre a matéria para nela imprimir uma forma final de
antemão concebida, mas implica a interação com uma pluralidade de sujeitos singulares cujas respostas a nossos atos e
palavras são da ordem do imprevisível.

Essa série de paralelos sugere que o estatuto do ato docente –
a exemplo do da obra de arte – ocupa um lugar híbrido ou
intermediário na classificação das atividades humanas proposta
por Arendt. Ele não coincide com a ação, por ocorrer num
domínio pré-político e estar fundado em relações assimétricas,
mas coincide com a fabricação, por não poder ser reduzido à
lógica de meios e fins que a preside. E é pelo fato de a atividade
docente ocupar esse espaço híbrido – que não se confunde com
a ação, mas dela se aproxima significativamente – que podemos conceber o *amor mundi* como um princípio. Na verdade,
ele é o princípio de ação por excelência daqueles que elegeram
a docência como forma de inserção e atividade no mundo, já
que a assunção da responsabilidade por seu cuidado está implícita em sua escolha profissional: "essa responsabilidade não
é imposta arbitrariamente aos educadores, ela está implícita
no fato de que os jovens são introduzidos por adultos em um
mundo em contínua mudança"[57].

Daí por que, para Arendt, o ofício de ser professor exige
daqueles que por ele optaram "um respeito extraordinário
pelo passado"[58], pela herança de experiências simbólicas que
o mundo lega a cada geração que nele aporta. O respeito se
manifesta, no caso específico de um professor, em seus esforços por iniciar os recém-chegados ao mundo nas parcelas de
tradições culturais cujo ensino lhe compete. E, embora essa
iniciação almeje a conservação do mundo, ela não implica sua
mera reprodução. Ao contrário, ela é condição necessária para

57 *Entre o Passado e o Futuro*, p. 186.
58 Ibidem, p. 190.

a eclosão do novo, para a possibilidade de que o milagre, que rompe a expectativa da reprodução dos processos automáticos, salve o mundo do desgaste e da ruína. Isso porque o *milagre do novo* – ou a liberdade – só pode vir à luz sob o pano de fundo de um mundo que guarda algum grau de durabilidade, que não se transforma também ele num objeto de consumo a ser devorado constantemente pelo processo vital. Ele não é, pois, um recurso pedagógico ao qual podemos recorrer sempre que julgarmos necessário ou conveniente; é, antes, uma potencialidade humana cuja eclosão depende da ação em concerto de homens que, por compartilhar um mundo, são capazes de nele começar algo novo e de operar o milagre de sua salvação, a despeito de sua tendência a sempre caminhar em direção ao próprio desgaste e à ruína dele decorrente:

E, com quanto mais força penderem os pratos da balança em favor do desastre, mais miraculoso parecerá o ato da liberdade, pois é o desastre, e não a salvação, que acontece sempre automaticamente e que parece sempre, portanto, irresistível.[59]

É, pois, no compromisso que o educador assume com o mundo e com a natalidade que se manifesta o possível vínculo da formação educacional com a liberdade em Arendt. Um compromisso cujos resultados não podem ser garantidos pela implantação de qualquer procedimento pedagógico, até porque dependem de condições e circunstâncias que ultrapassam o domínio da vida escolar. Dado seu caráter político – não apenas pedagógico –, o compromisso toma a forma de um princípio que nos impele a agir, mas que não determina a forma que essa ação deve tomar em cada situação concreta. É um compromisso que reclama a responsabilidade individual daquele que a ele adere, mas cuja tradução em atos depende também de uma ação conjunta com seus pares. Finalmente, é um compromisso que convida o educador à busca incessante de formas de imprimir um sentido público à formação escolar, rejeitando sua sujeição a imperativos de adaptação e conformação a um processo de desertificação do mundo que se afirma, concomitantemente, à decretação da superfluidade do humano.

59 Ibidem, p. 169.

5. A Experiência Escolar Ainda Tem Algum Sentido?

> *Articular historicamente o passado não significa conhecê-lo "como ele de fato foi". Significa apropriar-se de uma reminiscência tal como ela relampeja no momento de um perigo.*
>
> WALTER BENJAMIN

Num fragmento de uma obra inconclusa publicada postumamente, Arendt articula suas reflexões sobre as vicissitudes do conceito de política no século xx, a partir de uma pergunta que, à primeira vista, pode sugerir ceticismo e desesperança: "a política ainda tem algum sentido?"[60]. Não se trata, contudo, de uma interrogação de cunho niilista. Ao contrário, ela deve ser compreendida como mais uma de suas "perguntas antiniilistas feitas numa situação objetiva de niilismo em que o nada e o ninguém ameaçam destruir o mundo"[61]. A *situação objetiva* que a leva a propor a questão nesses termos é o preconceito do mundo moderno em relação à política; é a convicção generalizada de que à política – e não à sua ausência – devem-se as trágicas experiências do totalitarismo, da ameaça nuclear e da desertificação de um mundo cuja durabilidade é posta em risco pela ascensão da produção e do consumo como objetivos supremos do viver juntos.

No texto, como ao longo de grande parte de sua obra, Arendt procura recuperar o sentido e a dignidade da política,

---

60 *A Promessa da Política*, p. 162.
61 Ibidem, p. 269.

110 EDUCAÇÃO: UMA HERANÇA SEM TESTAMENTO

desvinculando-a do reducionismo a que foi submetida quando equiparada ao governo ou confundida com a gestão estatal da sociedade. Não foi, pois, a expansão, mas o declínio do domínio do político que criou as condições de possibilidade para a emergência do totalitarismo e da tecnocracia como forma de dominação estatal. Isso porque, como vimos, em Arendt, a política representa uma forma específica de vida em comum que não se confunde com a dominação, nem é simples consequência do caráter gregário do animal humano – uma forma de vida cuja razão de ser é a liberdade e cuja condição de emergência é a criação de um espaço público comum à pluralidade de homens iguais. Assim concebida, a ação política não é uma necessidade humana, mas a frágil invenção de um modo de vida "cujo impulso brota do desejo humano de estar na companhia dos outros, do amor ao mundo e da paixão pela liberdade"[62]. Um impulso que eclodiu em toda a sua grandeza na experiência democrática de Atenas, na estabilidade da Roma republicana, na breve existência dos conselhos populares que sucederam a Revolução Russa de 1917 ou dos que organizaram a Revolução Húngara de 1956. Experiências que Arendt não evoca como modelos a ser reproduzidos, mas como acontecimentos cujo esplendor é capaz de iluminar aquilo que os eventos políticos do século xx obscureceram: que o sentido da política é a liberdade, ou seja, a capacidade humana de começar algo até então imprevisto e imprevisível.

Foi a radicalidade da questão formulada por Arendt – e os caminhos trilhados na proposição de sua resposta – que inspiraram a transposição dessa interrogação para o âmbito específico da experiência escolar: teria ela ainda algum sentido numa sociedade que trata o passado como obsoleto e o futuro como ameaçador? Tampouco nesse caso se deve tomar a forma interrogativa como indício de ceticismo. Tal como em Arendt, trata-se de uma pergunta antiniilista que se formula em oposição a um processo de crescente submissão da educação escolar à lógica instrumental que reduz o ideal de uma *formação educacional* ao de uma funcionalidade em termos de *conformação social*. Um processo que, à força de tentar

---

62 A. Correia, Apresentação, *A Condição Humana*, p. xxxi.

A EXPERIÊNCIA ESCOLAR AINDA TEM ALGUM SENTIDO? 111

imprimir à escola toda sorte de *finalidades extrínsecas*, dela parece retirar qualquer *sentido intrínseco*. Um processo, pois, que reduz a experiência escolar a um meio cujo fim tem sido a mera adaptação funcional dos indivíduos aos reclamos de produção e consumo das sociedades contemporâneas, de forma a despojá-la de seu sentido intrínseco: a iniciação dos mais novos em heranças simbólicas capazes de dar inteligibilidade à experiência humana e durabilidade ao mundo comum. Localizar nesses aspectos – a constituição de um sujeito e sua vinculação ao mundo comum – a razão de ser da educação escolar não é uma arbitrariedade, ainda que inevitavelmente seja uma escolha programática.

Programática porque sua enunciação implica um compromisso teórico fundado numa escolha valorativa – entre tantas outras possíveis –, com eventuais decorrências práticas e políticas. Mas não uma escolha arbitrária, visto que ela se ancora numa concepção de educação cujas raízes remontam a um acontecimento histórico inaugural: a fundação dos ideais educacionais que caracterizam o humanismo renascentista. A partir deles, a instituição escolar assume um novo papel social, pois não visa mais à preparação de um profissional especializado, mas à formação integral do homem e do cidadão. Trata-se, pois, de uma experiência histórica que terá no âmbito da educação um papel análogo ao da democracia ateniense ou da república romana para a política: o de uma experiência fundadora da qual emanam princípios capazes de inspirar ações e orientar as inevitáveis transformações históricas a que uma instituição social está sempre sujeita. Assim, é no princípio da formação educacional humanista – entendido em sua dupla acepção de *início* e de *preceito* orientador – que se funda essa concepção de formação como a constituição de um sujeito em seu vínculo com o legado histórico de um mundo comum.

Se, como propõe Arendt, "é, de fato, difícil e até mesmo enganoso falar em política e em seus princípios sem recorrer em alguma medida às experiências da Antiguidade grega e romana"[63], o mesmo parece valer para o legado do humanismo renascentista no âmbito da educação. Ele se erigiu em referência

---

63 *Entre o Passado e o Futuro*, p. 153.

112 EDUCAÇÃO: UMA HERANÇA SEM TESTAMENTO

histórica e conceitual dos discursos educacionais porque é, sobretudo, a partir de seus ideais e de suas práticas que a formação escolar adquire um sentido público, que ela deixa de ser uma preparação profissional – ligada aos direitos, à medicina e, em especial, à teologia – para almejar a "formação do espírito", entendida como a busca de cada um pela constituição de sua *humanitas*. Uma busca empreendida por meio do acesso direto ao legado cultural clássico, de um diálogo cujo resultado não é a aprendizagem instrumental de informações e conhecimentos especializados, mas a constituição de um sujeito que se insere na dimensão histórica de um mundo. Trata-se, assim, da fundação de uma nova modalidade de relação entre a formação escolar e o domínio público, na qual a relação com a cultura letrada[64] e com as artes clássicas passa a ser concebida como elemento constitutivo da formação integral do homem, e não mais como pré-requisito para sua participação em determinado estamento social.

Essa ruptura com a herança escolástica não decorre de inovações no campo das práticas pedagógicas, que pouco diferem daquelas que caracterizavam a "escola latina medieval", mas, antes, de dois aspectos interdependentes que marcam a inovação representada pela escola humanista:

O humanismo impôs aos ginásios de seu tempo seu ideal de uma Antiguidade separada pela *história*. Para o homem da Idade Média, a Antiguidade jamais havia cessado [...] Para o humanista, ao contrário, a Antiguidade foi uma era de perfeição seguida de um longo período de barbárie. Tratava-se menos de continuar a Antiguidade [como no caso dos medievais] do que de retomá-la pela restauração da língua e pela familiaridade com os autores [...] O contato com os autores antigos não se vinculava a fins utilitários, nem mesmo no que concerne

---

64 A expressão "cultura letrada" é aqui empregada na acepção que lhe confere Eric Havelock, em *A Revolução da Escrita na Grécia e Suas Consequências Culturais*, para quem "a cultura letrada não pode ser definida como coextensiva à existência histórica da escrita no Egito ou na Mesopotâmia [...] [porque], embora a cultura letrada dependa da técnica utilizada na inscrição, ela não se define apenas pela existência dessa técnica. É uma *condição social* que pode ser definida apenas em termos de leitura" (p. 59, grifo nosso). Assim, a existência da cultura letrada pressupõe um *público leitor* e uma forma de vida na qual essa atividade ocupe um lugar central na circulação do saber. Nesse sentido, o humanismo a faz renascer, já que a leitura e a escrita permaneceram, durante a maior parte da Idade Média, privilégios de um grupo social bastante restrito.

A EXPERIÊNCIA ESCOLAR AINDA TEM ALGUM SENTIDO? 113

ao aprimoramento da língua, mas a algo verdadeiramente *novo*: à formação do espírito, já que ele permitia aos contemporâneos aproximarem-se dos grandes modelos antigos. Com a concepção humanista de Antiguidade, aparecia, tanto no ensino como na sociedade, a noção até então desconhecida de *cultura geral*, por muito tempo identificada como "humanidades".[65]

Diferentemente de sua antecessora, a escola renascentista não atribuía um valor apenas instrumental ao conhecimento; ela o estimava por seu potencial formativo. Não lhe interessava a preparação de especialistas, mas a formação de homens que, para além das diferenças ligadas a profissão, origem social ou crença religiosa, partilhassem uma cultura comum e a responsabilidade pelos rumos históricos de sua *res publica*. É nesse sentido que o contato com a poesia, a filosofia, as artes e a história deveria ter um caráter liberal: seu papel era o de possibilitar, por meio do diálogo com o legado clássico, que cada um viesse a cultivar seu espírito e a desenvolver sua personalidade liberado das contingências de sua ascendência familiar e de expectativas predeterminadas quanto a seu papel social. Portanto, a noção de *cultura geral* atribui à educação um significado intrínseco: ela passa a ser um bem em si mesma, independente de possíveis – e imprevisíveis – efeitos exteriores à constituição do sujeito que se educa, como eventuais impactos na distribuição de riquezas ou de poder em dada estrutura social. Nesse aspecto é que se deve compreender a afirmação de Lefort de que com o humanismo "a educação ganha valor em si, revela--se em busca de si mesma e, engendra, na prática, um discurso que a visa como tal"[66].

Essa nova concepção do papel do acesso à cultura clássica na formação geral de um cidadão veio acompanhada de uma nova percepção do presente em sua relação com o passado. Se o homem medieval assimilava a Antiguidade clássica a seu presente – representando, por exemplo, Hércules como um cavaleiro[67] –, os

---

65 P. Ariès, Préface, *L'Éducation de l'homme moderne*, p. 9 (tradução e grifos nossos).

66 *Écrire à l'épreuve du politique*, p. 211.

67 Segundo Eugenio Garin, em *L'Éducation de l'homme moderne* (p. 96), um claro exemplo dessa "assimilação" em que o antigo se mescla com o medieval ocorre nas representações de figuras caras aos antigos, como a de Hércules. Ao longo dos séculos, ele passa a ser representado ora como Cristo, ora como▶

114 EDUCAÇÃO: UMA HERANÇA SEM TESTAMENTO

humanistas a concebiam como um passado a um só tempo distante e inspirador. Distante porque entre eles e os antigos se interpunha a longa e "obscura" Idade Média, mas próximo porque, por meio da restauração da cultura antiga, os humanistas visavam construir sua identidade como herdeiros da Antiguidade. Herdeiros porque capazes de reconstruir, a partir da crítica histórica e filológica, o verdadeiro significado de seu legado artístico e filosófico, mas também porque restauradores de uma ética da *vita activa*, segundo a qual a dignidade do homem vincula-se a seu engajamento na vida pública da *cidade*. Assim, a formação humanista se dava na forma de um diálogo:

Um diálogo com os mortos, porém com os mortos que, desde o momento em que falam, desde que são levados a falar, estão mais vivos que os seres próximos, vivendo uma vida totalmente diferente, são imortais no espaço da humanidade, comunicam sua imortalidade àqueles que se voltam para eles aqui e agora.[68]

É desse diálogo que emerge entre os humanistas o *senso da história*[69], da relação do presente com o passado e com o futuro como forma de constituição de um mundo comum que transcenda o espaço e se enraíze no tempo. Logo, os estudos das *humanidades* visavam uma formação inicial comum e prévia à preparação profissional especializada; um tipo de formação escolar na qual o contato com o legado cultural de uma civilização tinha uma dimensão, simultaneamente, ética, estética e política. Tratava-se, portanto, de uma forma específica de se aproximar do passado com vistas a definir o presente, propiciando uma oportunidade de vínculo com a profundidade histórica da existência humana, pois, como nos lembra Arendt "a profundidade não pode ser alcançada pelo homem a não ser por meio da recordação"[70]. Portanto, é por meio da evocação de

▷ um cavaleiro medieval com suas vestes e armaduras, sem nenhuma preocupação no que concerne a sua imagem ou a seu papel para os gregos antigos. Nessas representações, não há, pois, uma clara distinção entre o passado e o presente. Daí a convicção dos humanistas de que eles seriam os verdadeiros herdeiros da Antiguidade clássica, pois seus estudos visavam restituir aos textos e à própria língua suas formas e seus sentidos "originais", ou seja, clássicos.

68 C. Lefort, *Écrire à l'épreuve du politique*, p. 212.
69 Ibidem.
70 *Entre o Passado e o Futuro*, p. 94.

A EXPERIÊNCIA ESCOLAR AINDA TEM ALGUM SENTIDO? 115

obras, atos e palavras memoráveis, os quais se reificam nos objetos e nas narrativas da cultura clássica, que o passado adquire um caráter liberador em relação a toda sorte de tiranias que as demandas do presente possam vir a representar:

> O humanismo havia descoberto que o objetivo da educação era formar o homem, dar-lhe sua liberdade no mundo, torná-lo senhor do reino que Deus lhe havia concedido. Mas, precisamente a fim de não diminuir essa liberdade tão paradoxal, ele atribui à educação a missão de liberar o homem, de não o definir nem o coagir, de dar-lhe todo o poder em relação à consciência de si mesmo. Educar o homem é torná-lo consciente de si mesmo, de seu lugar no mundo e na história. O estudo dos antigos e de sua língua deveria justamente servir a esse fim: levar o homem, para além de qualquer definição, a se sentir senhor de si mesmo.[71]

Ora, o que esse excerto de Garin nos sugere é, pois, que o sentido último da formação humanista é seu potencial caráter emancipador: a liberdade no mundo e a consciência de si mesmo. Não a consciência de um indivíduo apartado do mundo e de sua pluralidade, mas, ao contrário, uma consciência que emerge "de sua relação com a humanidade e com sua obra na história"[72]. Assim, se é possível apontar um "princípio" fundamental da educação humanista, esse reside menos nos conteúdos cristalizados por uma experiência histórica determinada do que no espírito que a moveu em direção a essa escolha. É na recusa à subserviência da cultura a qualquer sorte de instrumentalismo imediato que radicam o ideal de uma educação emancipadora e o *sentido* de uma formação escolar que com ela se comprometa. Nessa perspectiva, pouco importa se a cultura com a qual a instituição escolar dialoga é a da Antiguidade clássica, a do Iluminismo europeu, a dos povos americanos pré-colombianos ou aquela presente em suas manifestações mais recentes e pontuais.

Concebida como uma oportunidade de diálogo com objetos da cultura – e com o contexto histórico em que eles se constituem como tal e são preservados para compor um legado simbólico potencialmente comum –, a formação escolar

---

71 E. Garin, *L'Éducation de l'homme moderne*, p. 218 (tradução nossa).
72 Ibidem, p. 16 (tradução nossa).

ganha um sentido que ultrapassa qualquer eventual finalidade pragmática que seus conteúdos possam conter. A essência do humanismo é, como nos recorda Arendt, a *cultura animi*: o cultivo desinteressado do espírito e do gosto; da capacidade de fruir, apreciar e julgar as instituições e obras que integram nosso mundo comum. Ele se vincula menos a um conteúdo cultural específico do que a uma forma de lidar com o mundo ou a um tipo de "atitude que sabe como preservar, admirar e cuidar das coisas do mundo"[73]. Uma atitude que faz dos diversos legados culturais que coabitam nosso mundo contemporâneo uma potencial *herança comum*. Uma herança que nos chega *sem testamento* e que, portanto, exige de nós a coragem e a responsabilidade de fazer julgamentos e escolhas. Essas escolhas serão dignas da herança humanista na medida em que atualizarem seu compromisso ético e político de propiciar aos que chegam ao mundo a oportunidade de "escolher suas companhias entre homens, entre coisas e entre pensamentos, tanto no presente como no passado"[74].

73 *Entre o Passado e o Futuro*, p. 222.
74 Ibidem.

Referências

Obras de Hannah Arendt

A Condição Humana. Rio de Janeiro: Forense, 2010.
Sobre a Violência. Rio de Janeiro: Civilização Brasileira, 2009.
A Promessa da Política. São Paulo: Difel, 2008.
Between the Past and the Future. New York: Penguin, 2006.
Entre o Passado e o Futuro. 7 ed. São Paulo: Perspectiva, 2014. (Debates 64)
Responsabilidade e Julgamento. São Paulo: Companhia das Letras, 2004.
Lectures on Kant's Political Philosophy. Chicago: University of Chicago Press, 1992.
Homens em Tempos Sombrios. São Paulo: Companhia das Letras, 1987.
The Life of Mind. New York: Harcourt, 1978.

Obras de outros autores

ADORNO, Theodor. *Educação e Emancipação*. São Paulo: Paz e Terra, 2006.
AGAMBEN, Giorgio. *Infância e História*. Belo Horizonte: Editora da UFMG, 2005.
ALMEIDA, Vanessa Sievers de. *Educação em Hannah Arendt: Entre o Mundo Deserto e o Amor ao Mundo*. São Paulo: Cortez, 2011.
APPLE, Michael; BEANE, James (orgs.). *Escolas Democráticas*. São Paulo: Cortez, 2001.
ARIÈS, Philllipe. Préface. In: GARIN, Eugenio. *L'Éducation de l'homme moderne*. Paris: Fayard, 2003.
AZANHA, José Mário P. *Educação: Temas Polêmicos*. São Paulo: Martins Fontes, 1995.
_____. *Educação: Alguns Escritos*. São Paulo: Cia. Editora Nacional, 1987.

BÁRCENA, Fernando. *Una Pedagogía del Mundo: Aproximación a la Filosofía de la Educación de Hannah Arendt*. *Anthropos: Huellas del Conocimiento*, La Rioja, n. 224.

BARROS, Gilda Naécia Maciel. *O Exercício da Cidadania Como Forma Superior de Humanismo. Platão, Rousseau e o Estado Total.* São Paulo: T.A. Queiroz, 1995.

BARROW, Robin; WOODS, Ronald. *An Introduction to Philosophy of Education*. London: Routledge & Keagan Paul, 1994.

BENJAMIN, Walter. *Obras Escolhidas I: Magia e Técnica, Arte e Política.* São Paulo: Brasiliense, 1989.

BENVENUTI, Érica. *Educação e Política em Hannah Arendt: Um Sentido Político Para a Separação.* Dissertação (Mestrado em Educação), Faculdade de Educação da USP, São Paulo, 2010.

BERLIN, Isaiah. Dois Conceitos de Liberdade. In: HARDY, Henry; HAUSHEER, Roger (orgs.). *Isaiah Berlin: Estudos Sobre a Humanidade.* São Paulo: Companhia das Letras, 2002.

BIRULÉS, Fina. *Hannah Arendt: El Orgullo de Pensar.* Barcelona: Gedisa, 2000.

BITTAR, Eduardo C.B. (org.). *Educação e Metodologia para os Direitos Humanos.* São Paulo: Quartier Latin, 2008.

BRASIL. Câmara dos Deputados. Projeto de Lei nº 267, de 8 de fevereiro de 2011. Acrescenta o art. 53-A à Lei n. 8.069, de 13 de julho de 1990, que "dispõe sobre o Estatuto da Criança e do Adolescente e dá outras providências", a fim de estabelecer deveres e responsabilidades à criança e ao adolescente estudante. Disponível em: <http://www.camara.gov.br/proposicoesWeb/fichadetramitacao?idProposicao=491406>. Acesso em: 11 jul. 2012.

_____. Presidência da República. Casa Civil. Lei de Diretrizes e Bases da Educação Nacional (LDB). Lei n. 9.394, de 20 de dezembro de 1996. Estabelece as diretrizes e bases da educação nacional. Disponível em: < http://portal.mec.gov.br/arquivos/pdf/ldb.pdf >. Acesso em: 21 maio 2013.

CANOVAN, Margaret. *Hannah Arendt: A Reinterpretation of Her Political Thought.* Cambridge: CUP, 1992.

CARVALHO, José Sérgio Fonseca. *Reflexões Sobre Educação, Formação e Esfera Pública.* Porto Alegre: Penso, 2013.

CHARLOT, Bernard. *A Mistificação Pedagógica.* Rio de Janeiro: Jorge Zahar, 1979.

CONSTANT, Benjamin. Da Liberdade dos Antigos Comparada à dos Modernos. *Filosofia Política*, Porto Alegre: L&PM, 1985.

CORREIA, Adriano. Apresentação. In: ARENDT, Hannah. *A Condição Humana.* Rio de Janeiro: Forense, 2010.

_____. O Desafio Moderno. Hannah Arendt e a Sociedade de Consumo. In: MORAES, Eduardo; BIGNOTTO, Newton (orgs.). *Hannah Arendt: Diálogos, Reflexões e Memórias.* Belo Horizonte: Editora da UFMG, 2003.

_____ (coord.). *Transpondo o Abismo: Hannah Arendt Entre a Filosofia e a Política.* Rio de Janeiro: Forense, 2002.

DELORS, Jacques. *Educação: Um Tesouro a Descobrir.* São Paulo: Cortez, 2001.

DEWEY, John. *Experience and Education.* New York: MacMillan, 1938.

_____. *Democracy and Education.* New York: Macmillan, 1916.

DICIONÁRIO Grego-Português. São Paulo: Ateliê, 2008, v. 3

DUARTE, André. *O Pensamento à Sombra da Ruptura: Política e Filosofia no Pensamento de Hannah Arendt.* São Paulo: Paz e Terra, 2000.

DUBET, François. *Le Déclin de l'instituition.* Paris: Seuil, 2002.

REFERÊNCIAS 119

DURKHEIM, Émile. *Educação e Sociologia*. São Paulo: Melhoramentos, 1965.

FERRY, Gilles. *La Pratique du travail en groupe: Une expérience de formation d'enseignants*. Paris: Bordas, 1985.

FOURQUIN, Jean-Claude. *Escola e Cultura*. Porto Alegre: Artmed, 2000.

FREIRE, Paulo. *A Importância do Ato de Ler*. São Paulo: Cortez, 1982.

_____. *Educação Como Prática da Liberdade*. São Paulo: Paz e Terra, 1967.

GADAMER, Hans-Georg. *Verdade e Método*. Petrópolis: Vozes, 1999.

GARIN, Eugenio. *L'Éducation de l'homme moderne*. Paris: Fayard, 2003.

GAUCHET, Marcel. *Pour une philosophie politique de l'éducation*. Paris: Bayard, 2002.

_____. *La Démocratie contre ele-même*. Paris: Gallimard, 2002.

HARTOG, François. *Régimes d'historicité: Présentisme et expérience du temps*. Paris: Seuil, 2012.

HAVELOCK, Eric. *A Revolução da Escrita na Grécia e Suas Consequências Culturais*. São Paulo: Editora Unesp/Paz e Terra, 1996.

HEIDEGGER, Martin. *Kant et le problème de la métaphysique*. Paris, Gallimard, 1953.

HOUSSAYE, Jean. *Autorité ou* éducation. Paris: ESF, 2007.

ILLICH, Ivan. *Educação e Liberdade*. São Paulo: Imaginário, 1990.

KANT, Immanuel. *Textos Seletos*. Petrópolis: Vozes, 1985.

LAHIRE, Bernard. *La Raison scholaire: École et pratiques d'écriture, entre savoir e pouvoir*. Rennes: P.U.R., 2008.

LARROSA, Jorge. *Pedagogia Profana*. Belo Horizonte: Autêntica, 2000.

LA TAILLE, Yves de. Apresentação. In: SINGER, Helena. *República das Crianças: Sobre Experiências Escolares de Resistência*. Campinas: Mercado de Letras, 2010.

LEBRUN, Gérard. *Passeios ao Léu*. São Paulo: Brasiliense, 1983.

LEFORT, Claude. *Écrire à l'épreuve du politique*. Paris: Calmann Lévy, 1992.

LEITE, Rose M. A Ideologia Contida nos Livros Didáticos. *Celsul: Encontros*. Disponível em: <http://www.leffa.pro.br/tela4/Textos/Textos/Anais/CELSUL_VII/dir2/14.pdf>. Acesso em: 2 jan. 2017.

LOMBARD, Jean. *Hannah Arendt: Éducation et modernité*. Paris: L'Harmattan, 2003.

MAY, Larry; KOHN, Jerome. *Hannah Arendt: Twenty Years Later*. Cambrigde: MIT Press, 1997.

MORAES, Eduardo; BIGNOTTO, Newton (orgs.). *Hannah Arendt: Diálogos, Reflexões e Memórias*. Belo Horizonte: Editora da UFMG, 2003.

NEILL, Alexander Sutherland. *Liberdade Sem Medo: Summerhill*. São Paulo: Ibrasa, 1984.

_____. *Liberdade, Escola, Amor e Juventude*. São Paulo: Ibrasa, 1978.

_____. *Liberdade na Escola*. São Paulo: Ibrasa, 1971.

OAKESHOTT, Michael. Teaching and Learning. In: PETERS, Richard S (org.). *The Concept of Education*. London: Routledge & Keagan Paul, 1968.

OBAMA, Barack. Barack Obama's Inaugural Address. *The New York Times*, New York, 20 Jan. 2009. Disponível em: <http://www.nytimes.com/2009/01/20/us/politics/20text-obama.html?pagewanted=all>. Acesso em: 11 jul. 2012.

OECD. Organisation for Economic Co-operation and Development (OECD), 2013. Disponível em: < http://www.oecd.org/dataoecd >. Acesso em: 21 maio 2012.

PASSMORE, John. *The Philosophy of Teaching*. London: Duckworth, 1984.

120   EDUCAÇÃO: UMA HERANÇA SEM TESTAMENTO

PETERS, Richard S. (org.). *The Concept of Education*. London: Routledge & Keagan Paul, 1968.

PIAGET, Jean. *Sobre a Pedagogia*. São Paulo: Casa do Psicólogo, 1998.

PLATÃO. *Górgias*. Lisboa: Edições 70, 1972.

RANCIÈRE, Jacques. *Le Maître ignorant*. Paris: Fayard, 1987.

RENAUT, Alain. *La Fin de l'autorité*. Paris: Flammarion, 2004.

REVAULT D'ALLONES, Myriam. *Le Pouvoir des commencements: Essai sur l'autorité*. Paris: Seuil, 2006.

RIBEIRO, Renato Janine. *A Democracia*. São Paulo: Publifolha, 2001.

RICŒUR, Paul. Le Paradoxe de l'autorité. In: _____. *Le Juste 2*. Paris: Esprit, 2001.

_____. *Lectures 1*. Paris: Seuil, 1991.

ROGERS, Carl. *Liberdade Para Aprender*. Belo Horizonte: Interlivros, 1978.

RYLE, Gilbert. Teaching and Training. In: PETERS, Richard S. (ed.) *The Concept of Education*. London: Routledge & Keagan Paul, 1968.

SCHEFFLER, Israel. *A Linguagem da Educação*. São Paulo: Edusp/Saraiva, 1968.

SILVA, Franklin Leopoldo. O Mundo Vazio: Sobre a Ausência da Política no Mundo Contemporâneo. In: ACCYOLI e SILVA, Doris; MARRACH, Sonia Alem (orgs.) *Maurício Tragtenberg: Uma Vida Para as Ciências Humanas*. São Paulo: Editora Unesp, 2001.

SINGER, Helena. *República das Crianças: Sobre Experiências Escolares de Resistência*. Campinas: Mercado de Letras, 2010.

SNYDERS, Georges. *Para Onde Vão as Pedagogias Não Diretivas*. São Paulo: Centauro, 2001.

TASSIN, Etienne et al. *Politique et pensée*. Paris: Payot, 2004.

_____. *Un Monde commun: Pour une cosmo-politique des conflits*. Paris: Seuil, 2003.

_____. *Le Trésor perdu: Hannah Arendt, l'intelligence de l'action politique*. Paris: Payot, 1999. (Collection Critique de la politique.)

TOCQUEVILLE, Alexis de. *De la Démocratie en Amérique*, tome I. Paris: Michel Levy, 1985.

VUATISTA, Juan. *LA EDUCACIÓN Prohibida*. Financiamento coletivo. Ferramentas livres. Copyleft, 2012. Disponível em: < http://www.educacionprohibida. com/ >. Acesso em: 8 abr. 2013.

YOUNG-BRUEHL, Elisabeth. *Hannah Arendt: For Love of the World*. New Haven: Yale University Press, 1982.

COLEÇÃO ESTUDOS
últimos lançamentos

320. *Ritmo e Dinâmica no Espetáculo Teatral*, Jacyan Castilho
321. *A Voz Articulada Pelo Coração*, Meran Vargens
322. *Beckett e a Implosão da Cena: Poética Teatral e Estratégias de Encenação*, Luiz Marfuz
323. *Teorias da Recepção*, Claudio Cajaiba
324. *Revolução Holandesa, A Origens e Projeção Oceânica*, Roberto Chacon de Albuquerque
325. *Psicanálise e Teoria Literária: O Tempo Lógico e as Rodas da Escritura e da Leitura*, Philippe Willemart
326. *Os Ensinamentos da Loucura: A Clínica de Dostoiévski*, Heitor O´Dwyer de Macedo
327. *A Mais Alemã das Artes*, Pamela Potter
328. *A Pessoa Humana e Singularidade em Edith Stein*, Francesco Allieri
329. *A Dança do Agit-Prop*, Eugenia Casini Ropa
330. *Luxo & Design*, Giovanni Cutolo
331. *Arte e Política no Brasil*, André Egg, Artur Freitas e Rosane Kaminski (orgs.)
332. *Teatro Hip-Hop*, Roberta Estrela D'Alva
333. *O Soldado Nu: Raízes da Dança Butô*, Éden Peretta
334. *Ética, Responsabilidade e Juízo em Hannah Arendt*, Bethania Assy
335. *Alegoria em Jogo: A Encenação Como Prática Pedagógica*, Joaquim Gama
336. *Jorge Andrade: Um Dramaturgo no Espaço Tempo*, Carlos Antônio Rahal
337. *Nova Economia Política dos Serviços*, Anita Kon
338. *Arqueologia da Política*, Paulo Butti de Lima
339. *Campo Feito de Sonhos*, Sônia Machado de Azevedo
340. *A Presença de Duns Escoto no Pensamento de Edith Stein: A Questão da Individualidade*, Francesco Alfieri
341. *Os Miseráveis Entram em Cena: Brasil, 1950-1970*, Marina de Oliveira
342. *Antígona, Intriga e Enigma*, Kathrin H. Rosenfield
343. *Teatro: A Redescoberta do Estilo e Outros Escritos*, Michel Saint-Denis
344. *Isto Não É um Ator*, Melissa Ferreira
345. *Música Errante*, Rogério Costa
346. *O Terceiro Tempo do Trauma*, Eugênio Canesin Dal Molin
347. *Machado e Shakespeare: Intertextualidade*, Adriana da Costa Teles
350. *Educação, uma Herança Sem Testamento*, José Sérgio Fonseca de Carvalho

Este livro foi impresso na cidade de Cotia,
nas oficinas da Meta Brasil,
para a Editora Perspectiva.